Daniela Bañuelos

Lo que soy

Daniela Bañuelos

Lo que soy

Aprende a conocerte

JustFiction Edition

Imprint

Cover image: www.ingimage.com

Publisher:
JustFiction! Edition
is a trademark of
Dodo Books Indian Ocean Ltd., member of the OmniScriptum S.R.L Publishing group
str. A.Russo 15, of. 61, Chisinau-2068, Republic of Moldova Europe
Printed at: see last page
ISBN: 978-620-3-57761-7

LO QUE SOY

Daniela Bañuelos

Prólogo

Mientras Samsara que odia su nombre porque le recuerda momentos amargos de su vida, trata de saber quién es y lo que quiere. En su búsqueda interna llega alguien que le mueve el piso, la hace desestabilizarse y perderse por completo para descubrir que no necesita a nadie para encontrar lo que la hace completamente feliz. Solo un poco de ayuda para tomar un rumbo.

-Necesito encontrarme y descubrir que persona soy

-Yo puedo ayudarte con eso

Capítulo 1

-Mueve el rostro hacia la derecha, muy bien así......-

Tomo dos, tres, cuatro fotos y creo que logró captar la esencia de la modelo frente a mi. Le sonrío y le digo que hemos terminado por el día de hoy.

Quito la pila de la cámara y la colocó en el escritorio para intentar recordar que debo cargarla antes de la siguiente sesión, veo la hora en el reloj de pared y veo que aún tengo 10 minutos antes de que tenga que salir para mi clase de danza, ordenó los papeles frente a mí y encuentro la foto del modelo con el que tuve una aventura hace un par de meses, sonrío recordando todo lo que sabía hacer y la pongo de nuevo en su lugar.

Es cierto que después de mi última relación ¨estable¨ o ¨formal¨ como la llamarían las personas normales, he tenido serios problemas para encariñarme en el ámbito amoroso con alguien, por más que esa persona sea demasiado buena conmigo o ponga todo de mi parte. Creo que muy en el fondo se que tengo serios problemas dentro de mí que no me dejan avanzar.

Después de terminar mi relación de casi 3 años dejo mi autoestima por los suelos, bueno no, en realidad en el inframundo y me ha costado demasiado tratar de construirla, voy dando pequeños pasos, pero voy en el camino y es lo importante ¿no? además de problemas con mi familia. Vaya líos en los que estoy metida.

Tomo mi bolso y reviso tener mi ropa de entrenamiento dentro de ella. Justo al llegar a la escuela decido fumar un cigarrillo para relajarme, se que es un vicio horrible pero ha sido la única manera de evitar tener mis ataques de ansiedad en plena clase o en medio de la calle. Después de terminarlo entró directo al baño y retiro el poco maquillaje que llevo y me cambio por una ropa mucho más cómoda para sudar como pocas veces lo hago.

La primer clase del día es contemporáneo, amo como el cuerpo puede expresarse de una manera tan única e increíble con el baile. Se que no tengo el potencial para convertirme en una gran bailarina profesional pero el bailar siempre ha ayudado a mi alocado cerebro y me ha hecho sentirme yo realmente. Después de una hora y media agotadora tomo agua suficiente para no deshidratarme y me dirijo al salón número 2 para mi clase favorita desde hace unos seis meses. Danza aérea, cuando descubrí este deporte creo que mi vida empezó a girar alrededor de ella.

Estiramos como siempre y después de media hora subimos a las telas, no aguanto mucho tiempo en el aire para realizar las miles de figuras pero me siento satisfecha con mi progreso, algo que he aprendido con el tiempo, no exigirme más de lo que mi cuerpo puede dar. Me despido de mis profesores y salgo de la escuela. Cuando reviso el celular tengo un mensaje de mi casi único amigo diciendo que quiere ir a tomar un café para ponernos al corriente de lo que ha pasado en las dos últimas semanas.

Aquí vamos, a tratar de socializar sin parecer anormal.

Al entrar a la cafetería trato de encontrar a Alan entre las mesas, lo visualizo al fondo coqueteando con la mesera, sonrío porque eso es justo lo que hace a mi amigo ser lo que es y que nos parezcamos más de lo que esperaba.

-Hola corazón-

Sonrió por la manera en que me llama y la mesera me mira mal de arriba a abajo.

-Hola cariño-

-¿Puedes traerme un té de frambuesa por favor?- Pido dirigiéndome a la linda chica que está embobada con mi mejor amigo.

-Ammm, claro en un momento lo traigo-

Observó como desaparece y enfocó toda mi atención en Alan sentándome frente a él.

-Veo que vienes de clase, ¿cómo te está yendo?-

-Ya sabes, dolor y sufrimiento pero nada que no se pueda remediar con practicar más horas al día- me detengo de seguir hablando pues la chica regresa con mi té y retoma su camino hacía la cocina.

-Claro, tú y tu manía por ser siempre la mejor-

-Sabes muy bien que no es una manía, es sólo la escapatoria de todo lo que tengo en la mente-

-Si, si, lo sé, pero dime ¿por lo menos haz salido con alguien más después de aquel modelo?-

-Claro Alan, también necesito acción en mi vida, no sólo tú- Sonrío cínicamente mientras tomo un sorbo del delicioso té, tomo un segundo y suspiró dramáticamente porque bueno, me gusta el drama de vez en cuando- Pero en realidad no funcionó, fue demasiado torpe al principio y sólo pude pensar que esperaba estuviera haciendo las cosas bien para no espantarlo, ¿sabes qué fue lo peor de todo? ni siquiera nos quitamos la ropa, todo fue demasiado rápido y torpe al final. Sin contar que no quería que nadie nos viera o supiera de nosotros-

-Bueno Sam, es que tienes una maestría en conseguir a los peores chicos en tu vida y sobre todo en tu cama- Termina riéndose y tomando mi mano por encima de la mesa para darme caricias circulares sobre la palma. Creo que secretamente es su manera de tranquilizarme antes de alguna pregunta difícil.

-¿Te ha seguido buscando ese idiota de tu ex?- Lo sabía, esa era la razón de su preocupación, ese tipo es un tema prohibido entre nosotros.

-Así es- contestó mientras asiento- como una larva, pero he decidido dejarlo pasar, ya no quiero tener que preocuparme por el-

-De acuerdo, sólo quiero que estés bien, lo sabes-

-Lo sé corazón- Y le sonrío, porque el de verdad se ha convertido en un apoyo después de todos estos tormentosos meses. Después de hablar por una hora más, pagamos la cuenta y salimos de la cafetería, al caminar por la acera entrelaza nuestros brazos para resguardarnos un poco de la temperatura que acaba de descender.

Voy riéndome de una de sus terribles anécdotas acerca de una de sus conquistas cuando un hombre a toda velocidad me empuja por el costado y hace que mi bolso caiga tirando todo su contenido en la calle, cuento hasta 10 y veo que el tipo ni siquiera se ha dignado en ayudarme. Si bien no soy una damisela en apuros podría ser un poco caballero y ayudar en algo que él mismo causó.

-Agg maldito-medio grito, medio susurro- por lo menos podrías ayudarme a recoger todo- Suelto a la vez que me agacho para recoger mi bolsa

-Si, podría, pero no sé si deba hacerlo, tu no te fijaste por venir coqueteando en plena calle-

-Bueno, si que eres un maldito idiota entonces- y justo después de insultarlo subo la mirada para encontrarme con un hermoso rostro masculino, que si no fuera porque parece ser demasiado egocéntrico y malhumorado plantearía el sonreírle para iniciar una conversación.

-Lo que me faltaba, que fueras guapo para odiarte más- y sin decir otra palabra decido alejarme de la situación porque mi gran boca decidió que ese era un buen comentario para decir en el momento.

Tomo del brazo a Alan que pareciera que hubiera desaparecido y me alejo lo más rápido que puedo.

-Pudiste haber ayudado tu también-

-Oh no, lo siento, esa situación era lo más divertido y no quise entrometerme, además de que no te deja de ver ese tipo-

Volteo sólo un poco para darme cuenta que es cierto, le sonrió primero y después le sacó el dedo medio, que se joda por ser un maleducado. Sin que pueda esperarmelo Alan se voltea y con todas sus fuerzas grita.

-!!!!Si tienes tanta curiosidad puedes buscarla en Google amigo, se llama Samsara Tapia y es fotógrafa¡¡¡¡-

-¿Pero qué rayos te pasa?- Digo mientras trato de caminar más rápido jalando con más fuerza su brazo.

-Vamos cariño, necesitas más acción en tu vida, y él lucía muy sorprendido con tus actitudes, date la oportunidad de conocer a más personas- Ruedo los ojos y decido dejarlo pasar, tampoco creo que el tipo fastidioso decida buscarme.

Al llegar a casa lo primero que hago es saludar a mi cachorra que es lo más cercano a dar amor y ser responsable a lo que puedo estar cerca. Dejo mis llaves y mi bolso en la mesa y voy directo a la ducha, porque después de ese ejercicio necesito un baño para relajar todos los músculos y desconectar aunque sea unos momentos.

Abro el grifo de agua caliente y mientras me quito la ropa recuerdo al tipo con el que choque hace unas horas, si, era bastante guapo pero definitivamente no necesito alguien con quien pelear o estresarme en estos momentos, alejo esos ojos de mi cabeza y entró en el agua que ya se ha calentado.

Me encanta que el agua pueda desaparecer un poco del tormento en mi cabeza, al igual que el cigarro; pero tampoco es que pueda tomar tantas duchas como los cigarros que me fumo. Pasan unos 10 minutos y creo que es hora de salir, tampoco quiero desperdiciar el agua. Tomó una toalla y me visto en mi habitación, es hora de descansar, sino mañana seré una zombie en el trabajo y es lo que menos necesito.

Al acostarme en mi cama mi celular brilla con una notificación, es un cliente que quiere una sesión de fotos mañana por la tarde, que según él, es una emergencia; debe ser un modelo o un actor en busca de trabajo, reviso mi agenda y no tengo nada para mañana en la tarde; bien, seré una buena persona y lo ayudaré. Contestó su mensaje y lo citó a las 2 de la tarde. Dejo el celular de lado y me adentro en el mundo de los sueños.

Me despierto bastante temprano, 2 horas antes de mi alarma, pero de nuevo esa pesadilla que me persigue desde que mi vida dio un giro y cambió radicalmente. Es definitivo que no podré volver a pegar un ojo así que me levanto y decido cocinar un buen almuerzo y comida para el día, es momento de consentirme aunque sea un poco y no lo merezca.

Si bien no soy la mejor cocinera me defiendo bastante bien y preparo unos waffles con fruta y pollo a la parmesana, satisfecha conmigo misma regreso a mi habitación y me cambió por ropa cómoda para las sesiones de hoy. Me veo en el espejo y viene a mi mente unos meses atrás

-Te ves demasiado hermosa Sam- dice su voz suave desde la cama, yo sólo me observó en el espejo.

-Si claro, con tres kilos de más-Volteo a verlo y sonrió tímidamente

-Claro que no, de verdad te vez hermosa, aunque deberías dejar de comer tantos dulces-

-Ya te he dicho que no puedo, pero lo intentaré, no queremos que busques a alguien más, ¿verdad?-

Decido alejar mis pensamientos de ese tórrido recuerdo y tomo mi pequeña mochila para salir de casa. Al llegar a mi estudio vislumbro a la primera modelo del día esperando con un termo en su mano.

-Hola Clara, si que eres puntual-

-Si, así soy yo Sam, siempre puntual con mi fotógrafa favorita-

-Creo que lo que tu quieres es un descuento guapa-

-Si bueno, eso no estaría mal-

-Mejor entremos super modelo-

Capítulo 2

Cuando la sesión de Clara termina, unas dos horas después, tengo 20 minutos antes de la sesión del chico que me escribió ayer por la noche, bien, tengo tiempo y quiero repasar esa coreografía que tengo en mi cabeza desde hace unos días.

Quito mis tenis y pongo música por las bocinas del lugar, amarro mi cabello en una coleta alta y cierro los ojos, estiró los brazos y después me desconecto por completo, doy giros, saltos, y me entrego completamente a lo que mi cuerpo me pide, no soy consciente de que el tiempo pasa volando y que Clara dejó la puerta entreabierta.

Escuchó aplausos justo después de qué me tiro en el piso y la lista de reproducción termina. Me giró sobresaltada para toparme con esos ojos que ayer quise sacarme de la cabeza, genial, el tipo engreído y guapísimo.

-¿Cómo se supone que entraste y cómo rayos me encontraste?-

-Tu amigo, ¿recuerdas? te busque un poco por curiosidad y bueno, nunca me han tomado fotos, era el momento para intentar algo nuevo-

-Si bueno, pues no tengo otra opción, soy bastante profesional-

-Si claro, ya lo veo-

Entrecierro los ojos porque siento que su comentario tuvo una doble intención.

-Párate por allá, quítate el abrigo y relaja los músculos de la cara-

-Lo que mandes-

Voy al escritorio por la cámara y respiro un poco para relajar mi acelerado corazón, ese tipo me dio un susto de muerte. Retiro la goma de mi cabello dejándolo caer por mis hombros y volteo hacía el.

Comienzo disparando un par de veces y observo que es bastante fotogénico, genial, así podré acabar antes.

-Mira hacia la cámara...-le indico y me quedo callada pues no recuerdo su nombre

-Harry, me llamo Harry-

-Cierto, bueno, voltea hacia la cámara Harry-

-No sabía que también eres bailarina Samsara- Bien, tenía muchísimo tiempo que nadie me llamaba por mi nombre completo, eso me descontrolo un poco pero trate de disimular que no me afecto para volver a tomar fotografías.

-Si bueno, soy bastante versátil, pero no soy precisamente una bailarina, ahora ponte en tres cuartos volteando hacia mi, perfecto-

-Bueno, señorita no soy una bailarina pero me muevo tremendamente bien, ¿qué otras cosas te gustan hacer?-

-Cosas que no te importan- Camino hacia la silla que está a lado de las luces y la colocó justo frente a él

-Siéntate de manera que tus brazos queden recargados sobre el respaldo-

El hace justo lo que le digo y sonríe hacia la cámara que bien podría parecer uno de esos modelos que tanto fotografió, aunque tiene un estilo desgarbado que lo hace desaliñado y un poco de peligro en su mirada. Me río de mi misma por la línea de mis pensamientos y sigo tomando fotos. Tal vez pudieron haber pasado 1 o 2 horas entre los cambios de luces o movimientos cuando vuelvo a hablarle de manera profesional.

-Ya estamos por terminar, alguna foto que te gustaría antes-pregunto

Sin contestar a mi pregunta se quita la camiseta y luciendo muy seguro de sí mismo se acerca un poco hacía mí

-Quiero un par así-

-Perfecto- Me digo mentalmente que soy muy profesional y me acerco lo menos posible porque este hombre es demasiado apuesto y desprende un olor que resulta atractivo.

-Hemos terminado- Me volteo para evitar seguir viéndolo y finjo acomodar miles de cosas en mi escritorio.

-Dentro de una semana te contactaré para mandarte las fotos-

-Muchas gracias-

Por hoy he terminado y recojo mis cosas, Harry por lo mientras se cambia y lo esperó tratando de recordar que pendientes tengo durante el día. Al salir del baño le abro la puerta, pero me pide que pase primero, para evitar pasar más tiempo con él decido hacerle caso y cierro detrás de él.

-Bueno, ha sido un placer, adiós- Él me sonríe con arrogancia y me da la mano, volteo los ojos y me volteo para tomar el rumbo a mi casa, pero él se posiciona justo a lado de mi y camina conmigo.

-Resulta que yo voy hacia el mismo lugar que tú-

-Si claro, a otro con ese cuento-

-No es un cuento, es la verdad...- Pero de pronto dejo de escucharlo porque al voltear hacia el otro extremo de la acera lo observó, el ex al cuál odio y no veo desde hace un par de años está a escasos metros de mi, lo peor de todo es que tiene una niña de unos tres años cargando a la cuál le sonríe. Justo antes de que voltee mi cara y evite cualquier tipo de acercamiento el voltea y me ve, se queda paralizado, al parecer ninguno de los dos esperaba verse. Esta de seguro es una señal más de la vida para decirme que me odia.

Mi cabeza empieza a dar vueltas y me digo a mi misma que necesito actuar normal, Harry se da cuenta de mi reacción y se posiciona justo frente a mis ojos, por poco olvidaba que estaba a mi lado. Lo miro a los ojos y antes de siquiera pensar estampo mis labios sobre los de él, al principio no parece muy seguro pues sus labios se quedan estáticos pero después de un par de segundos coloca sus brazos alrededor de mi cintura y sigue mi juego, genial.

Al principio estoy tan concentrada en querer que mi pasado no regrese que no siento nada, pero su lengua me recuerda en dónde estoy y admito que el tipo sabe besar. Alguien carraspea detrás de nosotros y él se aleja un poco para observar a mi ex.

-Hola Samsara, no sabía que habías vuelto a la ciudad, he intentado contactarte un par de veces- Su voz, su jodida voz era la misma a la de antes. Definitivamente la vida me odiaba.

-Sí bueno, tenía que regresar en algún momento, verdad amor- dije al mismo tiempo que rodeaba con un brazo la cintura de Harry, rogaba a alguien que me escuchara que el me siguiera la corriente, sino estaría jodida para siempre.

-Si guapa, no podías alejarte de mí por mucho- gracias al cielo Harry había captado y ahora me sostenía por los hombros mientras me atraía más hacia su pecho. Era mi imaginación o el olía exquisitamente bien.

-Oh, así que llevan bastante tiempo juntos- su tono de voz denotaba un poco de molestia y curiosidad, pero yo no tenía ninguna intención de darle más información de la que era necesaria. Sonreí lo más falsamente que pude y con altanería le conteste-Eso no es de tu incumbencia-

-Papá, quiero ir al baño- Casi olvidaba a la niña que ahora estaba jalando del pantalón a su padre.

-Así que es ella- Mire a la niña, tenía sus ojos y su cabello, esperaba que su madre fuera alguien que la convirtiera en una persona decente y tuviera más suerte que con la basura que le tocó de padre.

-Si, no creí que la conocerías algún día, ya sabes, era lo mejor- Si, definitivamente podía recordar nuestras pláticas antes de que mi vida se destruyera. Harry debió notar lo tensa que me ponía con cada segundo porque sonrió cínicamente y se dirigió a Leo.

-Bueno, creo que es hora de que Sam y yo nos vayamos, debes estar cansada después de ese baile, ¿no nena?-

-Así que decidiste por fin seguir esa tontería del baile, ¿he?-preguntó mientras sostenía a la niña en sus brazos intentando calmarla.

-Hermano no creo que sea ninguna tontería, deberías verla, es fantástica, además de que eso ayuda mucho a no hacer las cosas aburridas, ¿verdad guapa?- dijo Harry al tiempo que me guiñaba el ojo y sonreía. Yo por mi parte estaba roja como un tomate, no podía ni decir una palabra.

-Si claro, lo imagino. Lo que las personas cambian, ¿no?- lo último lo dijo viéndome y supe que era momento de irme de ahí o no soportaría más.

-Vamos guapo, tenemos cosas que hacer. Adiós Leo- Y me voltee, poniendo fin a la tortura que había sido verlo de nuevo y que el siguiera creyendo que lo que yo amaba era una tontería, si que fui idiota al haber estado con él. Al doblar en una esquina Harry se detuvo y comenzó a reír de la nada, lo observe y bueno, tenía una muy bonita sonrisa, no podía negarlo.

-Eso sí que fue divertido, por la tensión supongo que fueron algo en el pasado, ¿cierto?-

-Si, algo por el estilo-

-Bueno, ahora que fui de gran ayuda creo que merezco una comida como recompensa- Era cierto, tenía que agradecerle de alguna manera y salir a comer no creo que fuera una mala idea tampoco. Después de haberlo visto sin camisa y haberse prestado a mi engaño podía divertirme un rato y quitar la tensión acumulada.

-Claro, conozco un lugar genial no muy lejos de aquí-

Caminamos en silencio hasta el local y al llegar pedimos una mesa para dos, ordenamos y cuando nos quedamos solos él no dejaba de observarme desde el otro lado de la mesa.

-Amm si, dime-pregunte ante la falta de palabras y el escrutinio intenso.

-Tienes pequeñas pecas alrededor de la nariz-

-Si, debe ser por el sol-conteste indiferente ¿qué se supone que contestas ante un comentario como ese?

-Cuéntame Samsara, ¿qué otras cosas haces aparte de bailar y tomar fotografías?-

-Divertirme-

-¿A qué clase de diversión te refieres?-

-Ya sabes, la carnal-sonreí atrevidamente mientras lo veía directo a los ojos. Era momento de divertirme

Sin poder esconder su asombro comenzó a abrir la boca intentando encontrar las palabras cuando la mesera trajo nuestras bebidas, le agradecí y ella siguió su camino. Tome un sorbo de la limonada y sin despegar mis ojos de él jugué con el popote entre mis labios, quería ver si podía conseguir alguna reacción de él.

-Creo que estoy entendiendo mal-

-No, eso que estás pensando es justamente lo que es-

-Ok, espera, ¿estás intentando seducirme?-

-Tal vez un poco-

-Vaya, si que eres una chica diferente-

-No lo creo, sólo soy directa, yo quiero divertirme un rato y no le veo el problema a ello, ¿tu si?-

-No ninguno, sólo creí que sería más difícil llegar a ti-

-Tranquilo casanova, aún no has oído mis condiciones si quieres divertirte un rato-

Me miró extrañado como si me hubiera salido una tercer ojo, siempre era así, la misma reacción. Era raro que con mis inseguridades, lo fría y discreta que era fuera así de directa, pero me gustaba que las cosas quedarán claras desde un principio, no había porqué dar vueltas a algo que yo tenía muy seguro.

-Mira, seré sincera, no voy a darle miles de vueltas al asunto, soy una persona bastante ocupada, me gusta y disfruto divertirme algunas veces, pero no me gustan las complicaciones. No busco una relación ni encariñarme con nadie, tiendo a ser mandona, enojona y con un carácter horrible. Pero no me gusta acostarme con desconocidos, tampoco te prometo que seamos amigos, porque nunca los conservo, se cansan de mí.

Así que te propongo conocernos, salir por un par de veces y entonces divertirnos, si la pasamos bien podemos repetirlo, sino, bueno, cada quien por su camino, ¿aceptas?-

El pareció pensarlo por unos minutos y después de observarme fugazmente puso ambas manos sobre la mesa y habló- Nunca había recibido una oferta al estilo Christian Grey, pero hay algo en ti que quiero descubrir, así que si, acepto. Con una condición-

No me gustaba que me pusieran condiciones, pero podía escuchar, si era demasiado descabellada me retractaría y asunto arreglado. -Te escucho-

-Que sean 5 citas antes de la acción, pongamos al límite las hormonas, ¿qué dices?-

Su propuesta no sonaba razonable ni sensata, pero él también me generaba cierta inquietud y no tenía nada que perder.

-Está bien, acepto, pero no sabes en qué problema te haz metido-

Capítulo 3

Después de terminar la comida me alegra no tener que pelear por ver quién paga, me deja poner la mitad y sigue sonriéndome con esa sonrisa que está empezando a gustarme demasiado. Hasta he notado que tiene unos pequeños hoyuelos.

-Muy bien, ya tengo tu número, así que te mandaré un mensaje para ponernos de acuerdo y salgamos a la primera cita, ¿te parece?-me dice Harry mientras salimos del restaurante.

-Si, claro, hasta pronto Harry-y justo después decido tentarlo un poco más y lo beso justo en la comisura de su boca, al alejarme lo observó a los ojos para encontrarme que él me está viendo muy fijo.

-Veo que quieres jugar y eso lo podemos hacer los dos bonita, ya verás, hasta luego- y así, sin más se da la vuelta y se va. No puedo reprimir mi sonrisa, porque vamos, soy una mujer y es divertido jugar al gato y al ratón con un hombre apuesto, aunque por lo que él ha dicho no se muy bien quién será precisamente la presa.

Me levanto más tarde de lo que estoy acostumbrada al día siguiente, hacía bastante tiempo que no dormía más de 5 horas sin ayuda de medicamentos, eso ya es un gran logro para empezar bien el día. Al revisar mi agenda no tengo sesiones el día de hoy, por lo que me tomo la mañana con calma y decido ir a entrenar, nada mejor para despejar la mente.

Camino hacia la escuela de danza mientras me fumo un cigarrillo, empiezo a odiar el olor pero la sensación es lo único que me hace un poco adicta. Al entrar encuentro varios rostros conocidos y les dedicó una sonrisa, tampoco soy tan huraña y cerrada.

Al llegar al salón de aérea encuentro a la dueña de la escuela y se acerca hacía mi.

-Hola Sam, ¿cómo te encuentras?-

-Muy bien señora, gracias, ¿cómo va todo por la escuela?-

-Perfectamente, justo estaba hablando de ti con los profesores, estamos pensando en lanzar material fotográfico para publicidad y atraer a más personas y estábamos pensando que tu serías la persona indicada para salir en ellas-

-Es una gran oferta señora, pero ¿no cree que existen alumnos más experimentados para ese trabajo?Además yo soy mucho mejor del otro lado de la cámara, créame-

-Tal vez, pero nosotros confiamos y queremos que seas tú, tienes talento Sam, ¿nos ayudarías?- Bien, su mirada de anhelo y esperanza me hacía difícil decirle que no a la persona más dulce que he conocido en este lugar y bueno, había elevado mi ego un poco, no tenía nada que perder por hacer algo que amaba, y si ellos me consideraban buena.....

-De acuerdo, lo haré-

-Genial, la cita es pasado mañana a las 12 del día, lleva algunos de tus vestuarios que has usado en las competencias y cualquier duda tienes mi número- se alejó con una sonrisa y no sin darme un apretón cariñoso en el hombro.

Suspiro y me adentro para empezar a calentar, práctico alrededor de 3 horas seguidas, hasta que ya no siento mis brazos y mis piernas parecen gelatinas, bien eso ha sido un buen ejercicio, me despido de mi profesor y me recuerda de la sesión, además de darme algunas indicaciones de las figuras que se realizarán el día de la sesión. Me despido de él y justo suena mi celular anunciándome una llamada de Harry.

-Muy bien, creí que tardarías más en llamar-Es lo primero que digo al contestarle.

-No, te dije, tengo curiosidad, así que dime, ¿estás trabajando?-lo meditó durante dos segundos, podría mentir o ser sincera

-No, en realidad voy saliendo de una clase-bueno, es mejor ser sinceros ¿no?

-Genial, ¿dónde te encuentras?-

-En Barbary Street, ¿por qué?-

-Mira que casualidad, justo voy cruzando por aquí, si ya te vi- Volteó como loca para encontrarlo y un coche justo se detiene a mi lado, lo primero que cruza mi cabeza es que si bien no soy tan vanidosa se que mi aspecto no debe ser el mejor, después de tantas horas sudando no debo verme de la mejor manera. Harry baja la ventanilla de su auto y se flexiona para hablarme desde su asiento.

-Vamos sube, tendremos nuestra primera cita-

-No pienso ir a una cita vestida de está manera, por si no lo notas necesito un baño-

-Bueno, entonces sube y vamos a tu departamento para que puedas cambiarte- Sonríe con cinismo y me abre la puerta del copiloto. Tengo dos opciones hacerme la digna y caminar por 40 minutos para llegar a mi casa o permitir que él me lleve, qué más da, estoy demasiado cansada así que subo y me coloco el cinturón; Harry sonríe con suficiencia y le indico mi dirección.

Al llegar al departamento lo invito a pasar porque bueno, soy una persona demasiado amable y quiero probar su resistencia un poco, no soy tan mala ¿o si?

-Puedes tomar asiento, iré a tomar una ducha, no tardaré-

-Claro-pero el parece demasiado enfrascado jugando con mi pequeño cachorro que ni me presta atención y mentiría si no digo que luce demasiado tierno, alejo esos pensamientos y me dirijo a mi habitación. Al salir de tomar un baño de no más de 10 minutos y colocarme una toalla minúscula alrededor del cuerpo sonrío con picardía y decido empezar mi plan. Salgo del cuarto de baño y voy justo a la sala, donde él se encuentra.

-Así que, ¿qué tengo que ponerme para esta primera cita?- Él parece enfrascado en su celular e intuyo que escucha mi voz muy cerca porque voltea en mi dirección y abre mucho los ojos al observarme, se queda estático por lo que parecen horas y después de guardar sus reacciones en mi cabeza agitó una mano frente a sus ojos.

-Amm, si, amm algo, mierda, ammm algo sencillo- termina por balbucear y tallar con la palma de sus manos sus ojos para volver a enfocarlos en mí.

-Genial- y sin más me volteo para detenerme a mitad de mi camino y pienso muy seriamente si debo o no hacer lo que me grita mi subconsciente, muy bien; uno, dos, tres y fuera rastro de timidez porque suelto la toalla haciendo que caiga al piso y camine hacía mi cuarto sin ropa alguna.

-Doble mierda, sabía que eras buena jugadora pero nunca creí que fueras así de mala Samsara, ya veo que esto será difícil- oigo gritar a Harry y me divierto por su reacción, al parecer desaparecer un poco la timidez no está tan mal después de todo.

Me decido por ponerme un pantalón de mezclilla y una blusa amarilla suelta, sólo me maquillo un poco y salgo en busca de Harry quién observa la última foto familiar que tengo.

-Estoy lista, vamonos-

-Si claro-el se aleja de la foto y prefiero no hacer ningún comentario al respecto

Nos subimos en su coche y en un silencio cómodo Harry comienza a manejar a dónde no tengo idea. Decido no preguntar para no verme demasiado ansiosa, lo que me permite detallarlo más de cerca, tiene un lindo cabello rizado café, ojos verdes que parecen esconder muchos secretos, unos labios carnosos que si mal no recuerdo besaban muy bien y esas manos fuertes que tengo curiosidad por descubrir que tan bien saben tocar.

-llegamos-

Dejo mi delicioso escrutinio para ver que estamos frente a un parque alejado del centro de la ciudad, baja del auto y lo sigo, nos detenemos frente a un carrito de comida chatarra.

-Deme un hot dog, unas papas y un bollo de queso, ¿tú?-

-Lo mismo-

-Bueno, estaba a punto de decir que me alegra ver que no eres de las típicas chicas que sólo come ensalada, pero por como saliste de tu clase veo que te gusta ejercitarte y me ahorrare el comentario-

-Muy inteligente de tu parte-le respondo guiñandole un ojo.

Al darnos nuestra comida nos dirigimos hacía el pasto y nos sentamos frente a unos grandes árboles, comemos en un agradable silencio al principio pero decido preguntar algunas cosas para saciar mi curiosidad.

-¿A qué te dedicas?-

-Soy arquitecto-

-Bien, ¿algún pasatiempo favorito?-

-Me gusta pintar-

-Eso es genial, amm ¿alguna novia?-

-Bien, veo que vamos con las preguntas personales, y no, no tengo ninguna pareja en estos momentos-

-Genial, amm ¿comida favorita?-

-me gusta bastante la comida italiana ¿y a ti?-

-soy más de comida oriental-

-es bueno saberlo, ¿tú tienes algún novio?-

-por lo que pudiste notar ayer, no, sólo un molesto ex novio, ahora ¿para qué querías las fotos que te tome?-

-en realidad no las necesito, quería verte de nuevo y ver si eras real o imaginación mía-

-buena táctica-le sonrió y le guiño un ojo mientras sigo comiendo, porque la comida está verdaderamente deliciosa

-por lo que vi hoy te ejercitas, ¿pero exactamente qué haces?-

-bueno, después de que vieras mi número de ayer, notaste que bailó un poco; en esa calle se encuentra la escuela en donde entreno, estoy más centrada en la danza aérea pero cualquier tipo de baile me encanta-

-ya veo, ¿así que vuelas o algo así?- no puedo reprimir una risa, porque es uno de los comentarios más bobos que he escuchado acerca de mi deporte.

-algo así se podría llamar, utilizamos telas y aros para hacer figuras en el aire, requiere de fuerza, flexibilidad y un poco de gracia, lo cuál a mi me hace falta-

-Por lo que vi ayer, puedo decir que eso no es cierto- decido evitar responder a su último comentario y seguir comiendo. Al parecer él nota mis pocas ganas de hablar del tema y empieza a preguntarme acerca de la fotografía. Sin que me de cuenta pasamos alrededor de dos horas conversando de todo y de nada, conociéndonos un poco más y si, Harry definitivamente me agrada.

Me lleva hasta mi departamento y me acompaña a la puerta, antes de poder procesarlo se acerca lentamente hacía mi y se detiene frente a mis labios, no deja de observarlos y sin darme cuenta con su dedo toma mi labio inferior que no me di cuenta estaba mordiendo, baja su dedo hasta mi cuello donde retira mi cabello hacia el lado contrario. Primero besa mi comisura, para después situarse en mi mejilla y hacer un recorrido de besos hasta mi cuello donde empieza a lamer un poco y ascender hacía mi oreja para susurrarme al oído.

-Aún no se me olvida lo que hiciste hace un rato, no se acerca pero te dije que yo también jugaba- y así sin más se aleja para irse hacia su auto. Bien el maldito si que sabe encender a alguien, por instinto me acaricio donde el me ha besado y sonrío estúpidamente, sabía que el estar con Harry sería divertido y algo interesante, pero lo acaba de volver en lo más erótico que me ha pasado en las últimas semanas.

Me despierto muy temprano debido a otra pesadilla, salgo con mi cachorro a dar una vuelta para perder un poco de tiempo y que ella haga sus necesidades. Regreso a mi departamento después de media hora, tomo una ducha y salgo directo hacía mi estudio, hoy me espera un largo día de trabajo.

Después de 10 horas continúas de trabajo llego a mi casa y reviso mi celular, ninguna llamada de Harry, simplemente genial.

Capítulo 4

Después de que ayer fuera un día pesado en el trabajo hoy sólo tuve una sesión muy temprano, por lo que ahora estoy a punto de entrar al lugar donde se llevará a cabo la sesión de mi estudio de danza, mentiría si digo que no estoy nerviosa, en realidad nunca he estado del otro lado, el ser una modelo. Pongo una sonrisa en mi rostro y entro rápidamente. Veo a lo lejos a la dueña de la escuela, a mi profesor de base y una maestra que me cae bastante bien, además de dos trabajadores que se están encargando de la instalación de los arneses y las poleas para colocar la tela. Uno de los trabajadores se voltea y me detengo abruptamente, esto debe ser una coincidencia de la vida muy rara.

La dueña también voltea, me observa y se acerca hacía mi.

-Hola querida, llegas justo a tiempo, ya casi está todo listo- Sin contestar comenzamos a caminar hacía Harry que no deja de observarme con un poco de humor en sus ojos.

-Sam te presento a Harry, es un arquitecto que contratamos para la instalación del aparato, es un muchacho muy educado y apuesto-

-Mucho gusto-Sonríe Harry haciendo parecer como si no me conociera y toma mi mano en forma de saludo.

-Si, igual-Decido seguirle el juego y sonrío solo un poco tomando mejor mi mochila sobre mi hombro.

-Sam puedes ir a cambiarte al cuarto de este pasillo, utiliza aquel vestuario borgoña de hace 1 mes-

-De acuerdo, ahora regreso-

Después de cambiarme me observo en el espejo, no sé si quiero que Harry me vea de esta manera, si bien ya me vio desnuda por breves segundos esto es algo exótico y diferente. Pero pensándolo bien él tal vez ya se fue y no tendré que pasar por ese momento.

Salgo de la habitación y caminó descalza hacia donde se encuentran todos, no veo a Harry a la vista, así que supongo que ya se fue, me dirijo a mi profesor para recibir instrucciones y después empiezo a calentar. Estoy acostada boca arriba con las piernas sobre la pared cuando noto unos zapatos dirigirse hacia mi.

-Es una posición bastante interesante-comenta Harry viéndome curioso desde arriba.

-Tanto que deberías intentar tú- sonrío con ironía mientras cuento mentalmente para poder levantarme.

-¿Eso duele?- pregunta mientras se sienta en el pasto a lado de mi.

-Escuece un poco las piernas pero no es tan insoportable-

Levanto mi espalda del piso y me siento al tiempo que me empujo con las manos para que mis piernas se abran más al estar contra la pared.

-Esto es incómodo pero ¿crees que podrías empujar mi espalda un poco hacia la pared?-

-Amm si claro, dime cómo-responde pareciendo interesado y se coloca detrás de mí. Volteo hacia todos lados y veo que nadie se encuentra interesado en nosotros, bien, podría jugar un poco con él por no haber mandado ni un mensaje.

-Coloca tu espalda justo detrás de la mía y empuja hacía adelante, al mismo tiempo tus manos colócalas aquí- las pongo sobre mis muslos y siento su sonrisa al lado de mi oreja- ahora presionalas hacia la pared- hace lo que le digo y me recargo sobre su pecho.

-Estas algo tensa, creo que esto si duele-dice mientras trato de respirar y me concentro en su olor, el mismo de la última vez.

-Si, algo, habla conmigo para distraerme-

-Carmen me invito a ver la sesión y quedarme todo el tiempo que quiera, lo que tengo duda es porque eres la modelo en vez de la fotógrafa-

-Ellos quisieron que yo saliera en las fotos, les debo mucho, así que no es ningún martirio- Asiente ante mi comentario y veo hacia el cielo.

-Esta es una posición bastante atrayente para algunas cosas- Me río un poco, si el supiera todo lo que estás clases me han dejado pensando acerca del tema.

-Sam todo está listo, cuando quieras podemos comenzar-Escuchó gritar a mi profesor y asiento hacía el.

Harry capta mi movimiento pues se retira y se pone de pie, ofreciéndome su mano para ayudar a levantarme. La acepto y comienzo a mover mis brazos y muñecas, me pongo debajo de la tela y espero instrucciones.

-Muy bien Sam, comenzaremos con las figuras más básicas, podemos repasar todas las rutinas que tienes, trataremos que el fotógrafo tome la mayor cantidad de fotos mientras tu haces las figuras, trata de quedarte lo más que puedas en cada una. Entre rutinas descansaremos un poco ¿de acuerdo?- Sonrío y me subo a la tela, bien, es la primera vez que tendré que hacer esto frente a una cámara.

Realizamos varias rutinas sin necesidad de tomar un descanso porque el fotógrafo es bueno y trato de ayudarlo quedándome bastante tiempo en posiciones estratégicas de esta manera yo descanso y él hace su trabajo, genial. He notado que Harry no ha despegado su vista de mi, se mantiene muy atento y de verdad parece fascinado.

Es hasta la tercera rutina y una hora después que bajó a descansar por 10 minutos. Tomo agua y me dirigo al cuarto que sirve como vestuario para cambiarme por otro leotardo. Salgo de nuevo y Harry está en el pasillo esperándome.

-Nunca creí que fuera así de hermoso lo que prácticas, es de verdad impresionante, estoy muy maravillado-

-Bueno pues gracias, es una de mis pasiones- Él sonríe con picardía y me mira directo a los ojos, le sonrío inocentemente omitiendo mis intenciones y caminamos de nuevo hacia el lugar de la sesión.

Casi 3 horas después es que terminamos las fotos, tomo una ducha rápida en el cuarto donde estuve cambiándome y me coloco un pantalón negro bastante entubado junto a un top negro semitransparente que revela un poco mi brasier. Me dirijo a la salida, me despido de todos pero noto que Harry no está, me molesta que se haya ido de esa manera pero decido evitar el enojo y salgo hacia la calle. Justo al salir lo veo recargado en su auto, sonriéndome con suficiencia.

-Bueno, hoy tendremos nuestra segunda cita, vamos, sube al coche- Lo observó con mala cara y me cruzó de brazos.

-Ni siquiera me has preguntado si quiero o puedo ir-

-De acuerdo, de acuerdo, fui grosero, ¿quieres salir conmigo esta noche?- Lo rodeo, me subo del lado del copiloto y siento cómo se moviliza para adentrarse del lado del piloto. Espero que sea suficiente respuesta.

-Más te vale que sea una estupenda cita- él sonríe, lo que parece que él de verdad ama hacer y comienza a conducir.

Después de parar por unas hamburguesas que nos comemos en el auto, nos dirigimos hacia el centro de la ciudad, no tengo idea de a dónde me está llevando pero curiosamente no me aterra o me hace sentir incómoda casi quiero conservarlo como amigo. La palabra clave aquí es casi, porque dudo que eso suceda.

Nos bajamos del auto después de que lo estaciona y camino a su lado sin saber muy bien cuál es su plan. Justo nos detenemos frente a un bar en donde se escucha que el ambiente es bastante bueno, puedo identificar una canción de fondo que me hace querer bailar. Harry me apremia a entrar empujándome ligeramente con su mano en mi espalda baja, y bueno, su toque como que enciende un poco en mi algunas chispas.Nos detenemos frente a una barra donde nos sentamos frente al barman.

-¿Qué quieres tomar?- me grita Harry sobre la música.

-Un vodka con jugo está bien-él asiente hacía mí y pide exactamente lo mismo para él. Tomo de mi vaso sin dejar de verlo a los ojos y sonrío un poco, termino mi bebida más rápido de lo que esperaba, supongo que el no tomar en bastante tiempo me ha hecho extrañar el sabor.

-¿Quieres bailar?- me pregunta Harry al oído, lo cuál hace que se me erice la piel. Me paro inmediatamente y le guiño un ojo, comienzo a caminar esperando que él me siga. Nos colocamos en una de las partes más obscuras del club dónde no hay tanta gente que pueda aplastarnos. Comienza a sonar Do I wanna know? de Artic Monkeys.

Me pongo frente a Harry y comienzo a moverme lentamente, está canción me encanta y cierro por un momento mis ojos, subo mis manos por mis costados para dejarlas detrás de mi cuello y hacer mi cabello hacía un lado. Sin que me de cuenta él se coloca detrás de mí y retira mis brazos para enredar sus dedos con los míos y mantenerlos a lado de mi cuerpo, sin tocarme más que con su pecho pegado a mi espalda. Acerca su boca a mi oído y canta una frase de la canción˙He soñado contigo casi cada noche esta semana¨ sonrío débilmente y me pego un poco más para acercar nuestras manos entrelazadas sobre mi abdomen, muevo las caderas despacio para provocarlo un poco más y soltando sus manos que se quedan sobre mi estómago subo mis manos para tomarlo del cuello dibujando figuras en su nuca.

Me voltea en un movimiento rápido y sus manos se posicionan justo arriba de la curva de mi trasero, le sonrío y muevo más mis caderas al ritmo de la melodía, me pongo en puntillas y le cantó al oído ¨¿Tienes las agallas qué hace falta?¨el cierra su ojos pareciendo frustrado, me aparto de sus brazos que me aprisionaba y sigo bailando tentándolo a que se acerque un poco más a mi, parece ceder y se acerca de nuevo, tomando mis manos me acerca mucho más y me susurra al oído

-Pensé que después de verte hace rato en ese vestuario tan apretado no podías volverme más loco, pero de verdad está doliéndome como la mierda mantener mis manos quietas-

-Eso se hubiera resuelto más rápido si tu hubieras aceptado las tres citas y no cinco-

-Quiero conocerte más, no puedes juzgarme por haberme dejado interesado en tu divertida personalidad, y no sólo con tu exterior-

-Wow eso casi suena muy profundo y peligroso- Él ríe ante mi comentario y seguimos bailando un par de canciones más sin que ninguno de los dos pueda mantener las manos fuera uno del otro. Nos acercamos de nuevo a la barra y después de 2 tragos más admito que estoy algo borracha, supongo que mi resistencia al alcohol debió haberse vuelto muy baja, pero me siento extrañamente muy feliz, un poco caliente ante el hombre que tengo ante mí y risueña, por lo que no puedo dejar de sonreírle.

-Samsara de verdad tienes que dejar de verme de esa manera, empiezas a causar estragos en mí- sacudo la cabeza y trato de poner una cara tierna.

-Pero si yo no estoy haciendo nada- me sonríe de nuevo y paga nuestros tragos, supongo que es hora de irnos. Me levanto de la silla y lo sigo, toma mi mano supongo que para no perderme entre la multitud pero su toque me resulta demasiado cómodo y no lo suelto hasta que tengo que subirme en el auto.

-Esta debe ser la mejor cita en mucho tiempo-

-Me alegra escuchar eso Samsara- frunzo el ceño y hago una pregunta que ha rondado todo el día por mi cabeza.

-¿Por qué casi siempre me llamas por mi nombre completo-

-Porque creo que tienes un nombre muy hermoso y poco común, llamarte Sam sería como hacerlo parecer común y tu definitivamente no lo eres por lo que he visto- sonrío un poco pero supongo nota mi cambio de humor de divertida a un poco melancólica- ¿No te gusta tu nombre?- Sin que pueda parar a mi cerebro empiezo a hablar de algo que fácilmente no he mencionado en dos años.

-Así me llamaban mis padres y él, antes de que las cosas se tornarán difíciles, es sólo nuevo y extraño escucharlo después de tanto-veo hacía el frente para evitar ver su reacción ante mi comentario porque debe ser la primera vez que me abro a él.

-De acuerdo, si te molesta puedo decirte de otra manera-

-No, está bien- y justo en ese momento llegamos a mi departamento, eso es una buena manera de dejar el tema zancado. Me bajo del coche y él me acompaña a la puerta, se queda viendo mis ojos por un largo tiempo y decido dar el primer paso, no estaría mal darle un sólo beso, ¿no?

Me acerco y lo tomó del cuello para intentar llegar a sus labios, primero lo beso lentamente pero él parece no querer conformarse con eso pues me toma de la cintura y me acerca demasiado a su cuerpo, toma las riendas del beso y me besa profundamente, coloca una de sus manos en mi mejilla y baja por mi costado hasta posarse un poco más debajo de mi cadera, su lengua traza mi labio inferior y mi control se pierde en algún lugar de mi cabeza borracha pues suelto un pequeño y vergonzoso gemido, él sonríe un poco y tomo ese instante para morder un poco su labio, sabe a jugo y eso me encanta, él sigue besándome hasta que suelto otro pequeño sonido y el se separa de mi.

-No puedo seguir besándote si sigues soltando esos sonidos tan provocadores, así que como buen caballero me iré justo ahora para tomar una ducha fría por la deliciosa tortura que ha sido todo el día de hoy, ha sido muy refrescante salir contigo Samsara, descansa-

Y así sin más se va, subiendo a su auto y guiñandome un ojo antes de poner en marcha su auto, bueno, si que me ha dejado sin palabras, es la primera vez que alguien hace una declaración como esas y se va, peor aún el me beso de una manera que no creo olvidar, estoy furiosa por no recibir más pero encantada al mismo tiempo, supongo que es el alcohol, así que mejor entro a mi casa y sacudo mi cabeza sonriendo, ha sido una buena noche.

Capítulo 5

Después de la noche de ayer al fin pude dormir 8 horas seguidas, pero el terrible despertador se hace presente para interrumpir mis sueños, sueños en los que se vio involucrado Harry; me despierto con un dolor de cabeza que hace mucho no sentía, supongo que debido a todo el alcohol ingerido la noche de ayer.

Salgo del departamento para dirigirme al estudio, tengo varias sesiones y no pude desayunar nada, simplemente genial. Llegó con 10 minutos de antelación y parada frente a la puerta mentalizo que la cafetería más cercana aún no abre, no podré comprarme nada para desayunar; sin que pueda notarlo alguien se para justo a mi lado, volteo lentamente pensando que puede ser uno de los modelos de hoy, pero unos ojos verdes me observan desde arriba porque bueno, mi estatura tampoco es muy elevada. Tiene una media sonrisa en el rostro, esta apoyado con una sola pierna y dios yo debo ser demasiado descarada para escanearlo de arriba a abajo, lleva un abrigo gris, playera y pantalón negro, ¿cómo alguien puede verse así de genial con algo tan simple? Deben ser mis hormonas pues hace muchos años que un hombre no me inquieta de esa manera.

-¿Vas a seguir viéndome descaradamente o abrirás esa puerta y me dejarás entrar?- Vuelvo mi vista al frente y efectivamente mantengo la puerta semi-abierta, me hago a un lado, hago una reverencia a modo de broma para que el pase, comienza a reír negando con la cabeza y se adentra al estudio, lo sigo y bueno, no puedo evitar tratar de ver su trasero, sólo que el abrigo me lo impide, tal vez este no sea mi día.

-¿Qué haces aquí?- No puedo evitar preguntar una vez estamos dentro, yo sentada sobre una de las mesas y él observando todo alrededor.

-Traje el desayuno- se encoge de hombros y me extiende una bolsa que no había notado, la coloca en mis piernas y el aroma me hace abrirla de inmediato. Tomó un croissant y uno de los cafés para extenderle la bolsa de regreso. Comienzo a saborear el croissant y es jodidamente delicioso.

-Creo que acabas de tener un orgasmo con la comida-

-No me puedes culpar por morir de hambre, y esto es muy delicioso, haz hecho mi día-

-Esto también es para ti- me extiende una pequeña aspirina y sonríe cínicamente fingiendo ternura.

-Me ofendería pero definitivamente tomaré la pastilla- la tomo de su mano y junto al café me la tomo. Bueno, casi podría amarlo porque el café es bastante dulce, justo cómo me gusta, además tiene un pequeño sabor a caramelo.

-Casi podría decirte que te cases conmigo por este desayuno, pero yo no creo en esas cosas, así que sólo te agradeceré muy generosamente-

El sigue comiendo y después de terminar se acerca hasta donde estoy sentada, dejo de verlo cuando tomo del vaso de café pero me detengo cuando siento de repente sus manos en mis muslos, los acaricia un poco antes de abrirlos para colocarse justo frente a mi cara, toma el vaso de mis manos y lo coloca a lado de mi, me quedó viendo sus ojos y siento su aliento más cerca, justo cuando creo que me va a besar su cara se desvía un poco para besarme en la mejilla. Estoy tentada a enredar mis piernas alrededor de él para que me bese, pero decido controlarme.

-No te saludé debidamente hace unos minutos- es su simple explicación mientras no deja de acariciar mis piernas. A pesar del pantalón puedo sentir el calor que desprenden sus manos.

-¿Y a qué se debió tu buena obra del día y alimentar a esta mujer?-No puedo evitar preguntar para desviar mi atención de lo que sus simples caricias están provocando.

-Pues se debe a que es nuestra tercera cita, quería sorprenderte y supuse que después de las bebidas de ayer necesitarías ayuda-

-¿Qué tan urgido estás por que llegue la quinta cita?-preguntó sonriendo un poco y enarcando una ceja.

-No puedes culparme por desearte y no querer esperar tanto, ayer tuve que tomar dos baños fríos después de ese baile- Coloco mis brazos en su cuello atrayéndolo un poco más hacía mí, veo primero hacía sus labios, muerdo mi labio inferior, sonrío y subo a sus ojos.

-Me disculparía pero espero te estés retorciendo en haber decidido las cinco citas y no tres-

-Ya sé cómo quiero que me pagues el desayuno- su cambio de tema tan repentino me descoloca por un segundo, supongo que su decisión lo está mortificando un poco.

-Te escucho-

-La siguiente cita la planearás tu, tendrá que ser totalmente a tu gusto-

-Ya veo, siento que seré evaluada, pero tomo el reto- Antes de que Harry pueda responder, el timbre suena, supongo que debe ser mi primer modelo. Retiro mis brazos de su cuello y él me ayuda a bajar de la mesa. Lo siento detrás de mí cuando me dirijo a abrir la puerta.

-Hola Marco, entra, alístate y en un momento estoy contigo- él me sonríe y sin decir nada se adentra al estudio.

-Estaré esperando por esa cita, te dejo trabajar- Harry se despide de mí y sólo observo como se sube en su coche. Ahora tendré que planear una muy buena cita.

Capítulo 6

Mi celular suena mientras termino de recoger el estudio, antes de contestar noto que son las 6 de la tarde, otra vez se me pasó la hora de la comida. El identificador de llamadas me indica que es Alan, sonrió mientras tomo el celular.

-¿Cómo está la amiga más genial que tengo?- Es lo primero que escucho al descolgar.

-Querrás decir la más sexy cariño-

-Amo tu modestia, dime, ¿qué tal el trabajo?-

-Pesado, voy saliendo del estudio-

-Genial, ábreme la puerta- y sin más cuelga, sólo Alan podría hacer una cosa como esa. Voy hacía la puerta porque efectivamente él está ahí con una bolsa de comida china. Parece ser el día de alimentar a Samsara.

Después de prácticamente devorar todas las cajas de comida me encuentro sentada entre las piernas de Alan, parece ser que me vio tan estresada que se sentó detrás de mí y comenzó a masajear mis hombros.

-¿Cómo te fue en la cita con Alina?-

-Ya sabes, lo mismo de siempre, buen cuerpo pero nada que me haga desear más-

-Como si tú buscarás algo más- me burlo un poco, porque conozco a mi amigo lo suficiente para saber que esa no es su principal misión en la vida. Le gusta salir con algunas mujeres y yo creo que espera a la mujer que lo haga delirar, y eso está bien para las personas sin traumas como yo.

-¿Tú tienes alguna víctima en mente?- pregunta sarcásticamente, él siempre ha creído que con los tres hombres que he salido han sido víctimas de la terrible sensación de mi rechazo después del sexo.

-Estoy saliendo con alguien, no como algo formal, ya sabes, no me gustan los desconocidos-

-Si, tu y tus raras reglas-

-Exacto- el detiene el movimiento en mis hombros y me recargo en su pecho- El otro día me tope en las calles con Leo, iba este chico con él que estoy saliendo y lo bese para que no se nos acercará, pero finalmente conocí a su hija- Siento su pecho moverse en lo que supongo es un suspiro.

-Sabía que algún día pasaría, se que no tengo todo el panorama de tu vida o relación con él, pero al menos no estuviste sola, eso me alegra- Me volteó a verlo y sonrió.

-Espero algún día ser lo suficiente capaz de contarte, sólo que aún no puedo-

-Hey, hey, lo entiendo, mejor vayamos por un té que el trasero se me está congelando en este piso-

-Si, sé que debo comprar más sillas, pero vayamos por ese té- Me paro y le extiendo mi mano para comenzar a caminar. Yo espero que de verdad un día sea capaz de superar todo, no sólo a Leo.

Leo la información por cuarta vez, he decidido que la cuarta cita sea una clase de tango con Harry, privada, con una maestra que al parecer es muy buena. De hecho debo admitir que estoy un poco entusiasmada, siempre me ha gustado la danza y he practicado un montón de ellas, pero nunca algo tan sensual como el tango, y mucho menos acompañada. Definitivamente será una cita divertida; aunque sé que muy difícilmente podré olvidar algo tan íntimo prefiero no pensar en eso por el momento y simplemente disfrutar. Si, mi lema de vida después del incidente caótico de mi vida.

Llamó a la academia y apartó la clase privada para el día de mañana, listo, no hay vuelta atrás. En realidad me siento un poco ansiosa pues han pasado 5 días desde la última vez que vi a Harry, hemos hablado y mensajeado, pero nada se compara con tener a las personas frente a frente, tal vez soy de la vieja escuela. Teniendo aún el celular en las manos decido hacer algo un poco atrevido, observo que mi playera muestre el suficiente escote, muerdo mi labio inferior y presiono click para tomar la fotografía, feliz con el resultado (ya que no luce como una foto demasiado planeada) le doy enviar, eso debería ser algo para dejar intrigado a ese hombre que me tiene un poco frustrada por aún no haber conseguido acción.

5 minutos después mi celular comienza a vibrar en una llamada, que por supuesto es de Harry, subo mis piernas en el sillón y sonriendo contestó. Sin que pueda decir una palabra él comienza a hablar.

-Tu debes ser la persona más cruel que conozco, estaba en medio de una junta y tu foto no me dejo concentrarme, ahora sólo puedo pensar en que ese labio se vería mejor entre los míos, ¿no crees?-

-Bueno, yo cómo que aún no estoy segura de si me gustan tus besos-

-Pues yo sí estoy seguro de que me estás volviendo loco, ¿ya me dirás cuándo será nuestra próxima cita?-

-Si, por eso fue la imagen, todo está listo para mañana, te veo a las 7 en la dirección que te mandaré-

-Genial, ¿qué tengo que llevar?- Pienso que él debería ir con poca ropa para detallar mucho más, pero me guardo mi comentario y decido ser un poco sensata.

-Con que vayas cómodo y ligero todo está bien-

-Genial, ahora tengo que colgar muñeca, tengo que volver a trabajar-

-Ugggh por favor no me llames muñeca-

-De acuerdo, encontraré otro apodo, espero la dirección- y así sin más cuelga, por un momento me paralizo pensando en que el parece agradarme más que cualquier otra cita, no estoy a instantes de caer rendida por él pero si me siento diferente, y yo definitivamente no quiero una relación en estos momentos. Pero ninguno de los dos ha tocado el tema, tal vez sólo son mis miedos, así que decido dejarlos ir y vuelvo a concentrarme en el documental que estoy viendo en mi computadora.

Capítulo 7

A la mañana siguiente me despierto con las mejillas húmedas porque de nuevo he estado llorando entre sueños. Simplemente genial, veo el reloj que marca las 6 de la mañana, decido pararme y seguir ensayando la coreografía que tengo en la cabeza, al menos de algo me servirá lo emocional que estoy en estos momentos.

Después de bailar por horas seguidas y estar lista para el trabajo observó el lindo vestido que escogí para la cita de hoy. Debo admitir que no soy mucho de vestidos por mi trabajo pero este simplemente me queda espléndido. Es negro un poco largo hasta por debajo de las rodillas, tiene un escote de corazón en el pecho, de mangas transparentes, una abertura bastante pronunciada en el muslo derecho y la espalda es bastante descubierta desde la mitad hasta el inicio de mi trasero, si, creo que me veo demasiado bien para ir a trabajar, pero no quiero tener que cambiarme, así que tomo una gabardina roja y salgo dispuesta a que sea un gran día.

A las 7 en punto alguien toca la puerta del estudio, quien supongo debe ser Harry, reviso que me vea bien por última vez y salgo con mi pequeña mochila. Lo encuentro recargado en su auto viéndome fijamente y mientras no tiene descaro en detallarme lentamente de abajo hacia arriba decido hacer lo mismo. Lleva un pantalón negro ajustado junto a una playera del mismo color con mangas. Él tiene que ser de los pocos hombres que vistiéndose tan sencillo consigue verse así de espectacular.

Me acerco lentamente y lo beso en la mejilla, demasiado cerca de los labios, pues desde este momento comienza el juego, sonrío un poco y niega un poco con la cabeza.

-¿En qué lío me he metido contigo?- Parece que lo dice en broma pero noto un poco de verdad, decido dejarlo pasar y subo cuando abre la puerta del copiloto para mi.

-Pensé que estabas jugando cuando la dirección que me enviaste era la de tu estudio- vuelve a hablar mientras comienza a encender el coche.

-Era un juego, si te daba la dirección adivinarías a donde iríamos, y quería tomarte por sorpresa-

-Si bueno, ya veremos si lo consigues-

Le doy las instrucciones de como llegar hacia el estudio de danza que he alquilado para la clase, no despega los ojos de la carretera y estamos en un cómodo silencio, esto es bueno, no tener que hablar para que las cosas sean cómodas.

Cuando llegamos desabrocho mi cinturón y antes de que él pueda abrirme la puerta salgo dejando mi mochila en su coche. Lo siento seguirme y parece muy desconcertado, pero parece estar analizando la situación en vez de preguntar, lo cuál me resulta muy divertido y no puedo evitar dejar de sonreír mientras al entrar nos indican el salón al que debemos ir. Entramos al salón y la maestra ya se encuentra ahí. Quito mi gabardina y la dejó sobre un perchero que hay justo a lado de la puerta. La maestra que se presenta como Clara nos insta a caminar al centro, nos da instrucciones de cómo tomarnos y después de 10 minutos de explicaciones comenzamos con los pasos básicos, de hecho me sorprende bastante la destreza que tiene Harry para bailar, gira con rapidez pero sin soltar mi cintura muy cerca de su pecho. Me sorprende bastante que él no haya dicho ni una sola palabra desde que llegamos y me tiene bastante ansiosa sobre lo que piensa.

Clara nos dice que tiene que marcharse por un contratiempo y que tenemos 15 minutos antes de que la academia cierre, se despide y nos felicita por un muy buen trabajo para la primera clase. Mientras observo como ella se va siento a Harry caminando hacía el reproductor, alcanzó a observar que coloca algo y sólo noto cuando empiezo a escuchar unos acordes por los altavoces.

Se acerca lentamente hacía mi y sin ser consciente de lo que hago yo también tomo pasos hacía él. Sostiene su mano derecha en medio de los dos y la tomo entre mis dedos, parece que la dulzura se ha acabado cuando me jala con algo de fuerza hacía él, comienza a balancearse y a caminar como justo nos enseñaron hace unos minutos, sin saber muy bien comenzamos a bailar pareciendo unos expertos, ni siquiera me importa saber si lo estamos haciendo bien, la intensidad de su mirada me hace sentir que si y eso basta para mi.

Estiro mi pierna derecha en medio de sus piernas bajando lentamente hasta acostarme en el suelo donde sin soltar mi mano ayuda a levantarme tan fuerte que por el impulso terminó rodeando mis piernas alrededor de su cintura, nos hace girar un par de veces y estiro mi pierna en un pequeño split por encima de su cabeza, al parecer eso de tener algo de flexibilidad ayuda, retiro mis piernas de él y nos seguimos moviendo, escucho que la canción es un poco melancólica pero sólo puedo pensar en cuánto quiero besarlo, siento que se termina la canción y él me insta a girar, giro tanto que terminó por marearme sólo un poco y pienso que voy a caer pero justo antes él me toma entre sus brazos haciendo que nuestros pechos colisionen de forma rápida, baja su mano por mi costado y toma mi muslo hasta enredarlo en su cintura, sin dejar de verme a los ojos. Respiro muy agitadamente y su pecho sube y baja contra el mío.

Sonrío un poco por la intensidad del momento.

-Eso ha sido jodidamente bueno, nunca me había sentido de esta manera- yo no puedo contestar, simplemente subo mis brazos hasta detrás de su cuello y lo acerco para besarlo, lo beso muy lentamente pero él parece tener otros planes cuando adentra su lengua en mi boca, es un beso que me roba el aliento, me desarma, y si no fuera porque me está sosteniendo podría fácilmente caer. Cuando los dos parecemos necesitar aire se separa lentamente, lo observó a los ojos y veo que sus pupilas están dilatadas.

-No esperemos más, vamos a mi casa- es mi declaración ante todo lo que siento.

Sin pensarlo demasiado comienza a caminar sin soltar mi mano, nos subimos a su auto y conduce hasta mi casa que no está a más de 10 minutos, demasiado conveniente para nosotros. En todo el camino no dejamos de sonreírnos y al parecer no podemos dejar de tocarnos pues su mano derecha está sobre mi muslo y la mía sobre el suyo, ambos repartiendo caricias de arriba a abajo. Al bajar del auto prácticamente corremos hacía el ascensor, cuando las puertas se abren en mi piso introduzco las llaves lo más rápido que puedo y abro la puerta, el me gira y estampa mi espalda contra la puerta que aprovecha para cerrar, sin dudas comienza a besarme y sus manos están sobre mi cintura, no deja de tocarme, cuando sus labios descienden hacía mi cuello mi cordura se pierde pues empiezo a susurrar su nombre en pequeños gemidos, parece ser demasiado para él cuando gruñe un poco sobre mi piel. Lo cuál me parece demasiado sensual. Coloca su mano derecha en mi espalda desnuda por el escote y la otra sube lentamente por mi muslo desnudo, de nuevo coloca mi pierna alrededor de su cintura, lo que le da la libertad de tocar hasta la cinturilla de mi ropa interior, siendo una total curiosa deslizo mi mano hasta el botón de su pantalón e introduzco mi mano para tocarlo por sobre el bóxer, en el momento que aprieto un poco el muerde el inicio de mis pechos que sobresalen del escote, murmura cosas que no comprendo y sin miramientos cuela su mano debajo de mi ropa interior, donde comienza a explorar lentamente. Pero de un momento a otro sus labios dejan de besar mi piel y su mano se detiene, me ve fijamente y recuesta su frente sobre la mía.

-No podemos hacerlo así, prometí cinco citas y falta una más- casi quiero gritarle por detenerse, pero decido controlar mis impulsos. Baja mi pierna y me sonríe tímidamente mientras juega con los dedos de mis manos, nos guía hacía el sillón y se sienta justo a lado de mí. Yo no sé qué decir, nunca he sido buena para la plática después de algún encuentro sexual, tiendo a decir tonterías o divagar mucho y al parecer esta no es la excepción.

El me atrae hacía su pecho, donde recuesto mi cabeza, comienza a acariciar mis nudillos mientras con la otra mano sube y baja su mano por mi espalda desnuda, recuesta su barbilla en mi cabeza y al parecer es suficiente para quedarme dormida, pues después de 5 minutos caigo en un profundo sueño donde lo único que sueño es en sus caricias.

Siento unas caricias en el tabique de mi nariz, y manoteo para intentar quitar la sensación. Pero vuelve al ataque. Finalmente sin que lo quiera abro los ojos para ver qué es lo que está molestándome. Lo primero que veo son unos ojos color verde que están medio cerrados debido a la enorme sonrisa que tiene en su rostro. Pongo mis manos en su pecho para tratar de hacer espacio entre nosotros, recordando cómo es que ayer me quedé dormida y que él decidió quedarse conmigo.

-Si sigues empujándome así harás que caiga, además de que tus manos están muy frías- escucho susurrar a Harry, mientras sigue sonriendo, de esa manera bastante peculiar que tiene.

-Bueno, no puedes culparme si estoy congelándome usando este vestido-le contestó encogiéndome un poco de hombros.

-Eso puedo solucionarlo muy fácilmente- y sin tener tiempo a responderle coloca sus brazos alrededor de mi cintura, acercándome a su pecho, sin despegar la mirada uno del otro comienza a hablar- Yo creo que soy el hombre con más fuerza de voluntad en el mundo, tu vestido se subió tanto que estoy viendo tu ropa interior, aleje mis manos lo más que pude y juro que tus labios entreabiertos mientras dormías me pedían que te besará- Sonrío, recargando mi barbilla sobre mis manos que siguen en su pecho.

-Supongo que tendré que agradecerte de alguna manera- él voltea hacía abajo y murmura algo que no logro entender del todo.

Alejo mis manos de su cuerpo para evitar algún contacto, supongo que la escena de ayer me dejó impaciente. Me levanto del sillón y él me permite sentarme, me paro y estiro haciendo crujir mis huesos, él coloca una mano en mi espalda desnuda y comienza a delinear mi pequeño tatuaje, un árbol que es muy significativo en mi vida.

-No sabía que tenías un tatuaje- escucho que habla sin dejar de tocar mi espalda y ese simple tacto sigue mandando corrientes eléctricas a lo largo de mi columna. Decido nuevamente alejarme para evitar la tentación. Sin contestar voy rumbo a mi cuarto y tomo la ropa que me pondré, necesito una ducha fría definitivamente.

Regreso a la sala con mis cosas en la mano.

-Voy a darme una ducha rápida, siéntete en confianza y agarra lo que gustes-

-¿Incluso a ti?-

-Incluso a mí- decido contestarle sonriendo coquetamente y dándome la vuelta y entrando al baño.

Antes de que pueda cerrar la puerta, él se interpone con la mitad de su cuerpo y se adentra al minúsculo baño.

-Resulta que tomaré tu oferta y pensándolo yo también necesito un baño- se encoge de hombros y sonriendo, lo que he notado hace demasiado. Le doy la espalda y hago mi cabello hacía un lado de mi hombro, lo siento acercarse lentamente y posa sus manos en el nudo de mi vestido. Comienza a desabrocharlo y este cae hasta mis pies. Él desliza sus manos desde mi nuca, hasta mis caderas, me gira levemente y me ayuda a lanzar el vestido lejos. Yo coloco las manos en el cuello de su playera y le ayudó a quitarse la ropa. Nos quedamos desnudos y sin vernos más que a los ojos entramos en la ducha.

El agua tibia cae entre los dos, coloca su mano en mi mejilla y sin que piense mucho yo me acerco más a su tacto, cerrando los ojos para disfrutar de la caricia, si bien sus manos son ásperas me encanta la forma en que con una sola caricia me hace sentir, no es del todo sexual, muy dentro de mí sé que esta relación no irá más allá de una amistad, pero hace tanto que no recibo este tipo de afectos que me permito disfrutarlo y guardarlo en mi cabeza.

Es curioso cómo en realidad nos duchamos sin ninguna pretensión sexual, es cierto que se siente la tensión pero eso sólo me hace desearlo más, salimos y sin decir palabras salgo para vestirme y dejarlo en el baño. Me coloco un short blanco junto a una camisa de mezclilla y me pinto lo más esencial, sólo para cubrir mis ojeras y resaltar mis labios y ojos. Al salir él ya se encuentra en el sillón y me observa directamente cuando habla.

-Vamos a desayunar, yo invito- Lo sigo hasta su coche y después de 20 minutos nos detenemos frente a una pequeña cafetería. Bajamos y toma mi mano para entrar al local. Nos sentamos en una mesa de la terraza, pedimos hot cakes para desayunar y comemos tranquilamente, al parecer entre nosotros no tiene que haber tanta plática para sentirnos a gusto.

-¿Cuánto tiempo llevas practicando la danza?-

-En realidad lo he practicado desde que era niña, pero fue por episodios, nunca tuve una educación que fuera para dedicarme completamente a ello y siempre me ha encantado la sensación-

-¿Qué danzas has practicado?-Me río un poco por su pregunta, y tomó un pedazo más de hot cakes.

-Danza folclórica mexicana, hawaiiano, jazz, danza árabe, danzón, urbano y ahora aérea-

-¿Hablas de que sabes mover las caderas con esas faldas de monedas y a la vez al ritmo latino?-

-Amm si, ¿por qué suenas tan impresionado?- No puedo evitar reír por su pregunta, el de verdad parece muy interesado ante lo que pueda responder.

-Porque eso jodidamente me acaba de excitar- Lo miro desde abajo de mis pestañas y finjo inocencia en mi mirada. Terminamos de desayunar y él decide que debe enseñarme algo, no pongo mucha resistencia, porque bueno, estoy a la expectativa. Veo que entramos a un pequeño complejo de departamentos modernos pero no tan ostentosos.

Estaciona su auto y caminamos hacía el ascensor, presiona el número 5 y al bajar de la caja de metal, me hace seguirlo hacía el que parece es su apartamento o algo similar. El entra primero y se encarga de prender unas lámparas que están acomodadas a manera de ser un improvisado estudio de foto.

-Esto estaba planeado para ayer después de la clase, pero las cosas se salieron un poco de control, así que bueno, está era la sorpresa- Rasca su nuca y parece un poco ansioso ante una respuesta de mi parte.

-¿Planeas que te tome fotos?- Pregunto dudosa, pues no entiendo bien qué es lo que está pasando.

-No, en realidad quisiera tomarte fotos yo, he estado investigando, así que no será un desastre monumental- Después de pensarlo por unos segundos camino con expresión sería hasta el centro del cuarto.

-¿Cómo quieres que me ponga?- le contestó poniendo mis manos sobre mi cadera y él de verdad parece aliviado.

Toma una cámara que no había notado y comienza a disparar, yo intento lucir seria pero él con su concentración me da tanta ternura que no puedo ocultar la pequeña sonrisa que baila en mi rostro.

-Es la quinta cita- Murmullo lo suficientemente alto para que me escuche y levanta un poco los ojos para verme al tiempo que comienzo a desabrochar los botones de mi camisa, uno por uno para finalmente retirarla y quedarme en mi bonito sujetador negro de encaje, porque aunque intuía que podría pasar me gusta la manera en que la lencería te puede hacer sentir más valiente con respecto a tu cuerpo, podría ser un poco vanidosa solo en esa parte de mi vida.

El continúa fotografiando y después de lo que parecen siglos bajo por mis piernas el short, quedando en ropa interior, me doy la vuelta y volteo sólo la cara para poder verlo que está muy enfrascado en seguir tomando fotos. Llevo mis manos por detrás de mi espalda y deshago el broche del sostén, el se queda quieto por lo que parecen minutos y se acerca más. Yo me volteo y trato de cubrirme con mis brazos para seguir posando para las fotografías, pero cuando siento que ya es suficiente juego, me acerco hasta él, le quitó la cámara y la colocó en una mesa cerca de una de las lámparas.

-Se acabó el tiempo de prueba- me murmura él muy cerca de mis labios,

Sus manos van directamente a mis caderas mientras las mías van a su cuello, lo rodeo y me jala para estar lo más cerca posible el uno del otro. Sus labios comienzan a dejar pequeños besos por mi mejilla para después dirigirse hacía la comisura de mi boca, yo volteo el rostro dejando de jugar y besarlo profundamente, su lengua no pierde el tiempo y se adentra para jugar con la mía, él comienza a caminar a espaldas llevándome con él y sin despegar nuestros labios. Él parece saber hacía dónde va cuando nos adentramos en un cuarto y siento mis piernas chocar contra algo blando. Me recuesta sobre una cama y se posiciona en medio de mis piernas. Deja de besar mis labios y se concentra en mi cuello, descubre mi punto sensible y mi autocontrol se va, comienzan a salir gemidos de mi boca no pudiendo callar lo que me está volviendo loca.

Coloco mis manos en su playera para quitársela y justo después desabrochó el botón de su pantalón y con mis tobillos lo voy deslizando por sus piernas, él se concentra ahora en la cima de mis pechos que parecen muy felices por su atención. Lame, succiona y besa a su antojo, yo ni siquiera tengo la fuerza para decirle algo, lo único que sale de mi boca son sonidos que ni yo misma reconozco. Deja caer un poco más su peso y siento su erección en mi, aunque tengamos su bóxer y mi ropa interior me hace sentir que está demasiado excitado. Sin planearlo subo mi cadera para generar un poco de fricción entre nosotros y aliviar la necesidad que crece dentro de mí.

Cuando lo hago la segunda vez él sisea por lo bajo y cuela su mano debajo de mi trasero para impulsarme a ir más arriba, al mismo tiempo va bajando lentamente mi ropa por mis muslos y cuando suelto otro gemido se separa un poco de mi para bajar su rostro y tomar con sus dientes mis bragas, las comienza a bajar lentamente y en el transcurso su lengua recorre la piel de mis muslos, todo con tanta tranquilidad que me está aniquilando. Me coloco sobre mis rodillas para medio pararme y atraerlo hacía mí de nuevo, necesito que me besé y su pasada acción acaba de encenderme más si eso es posible.

De nuevo lo beso y coloco mis manos en su trasero, acercándolo más a mi.

-No necesito más juegos previos- le susurro al oído mientras beso su cuello. Él asintiendo se baja el bóxer y toma su erección para acariciarse un poco, y de verdad llámenme pervertida pero eso me excita aún más. Se dirige hacía mi entrada y se detiene justo antes, coloca su frente en mi hombro y resopla demasiado fuerte.

-Necesito ir por un condón-Asiento a modo de respuesta y lo dejo ir, me quedo en la misma posición y siento cuando en vez de ponerse frente a mi, se coloca atrás y acaricia mis piernas instándome a abrirlas, lo hago y siento como poco a poco se va introduciendo en mí. Si bien no es doloroso es una sensación siempre diferente, siento mis paredes abrirse y cuando siento que está en medio vuelve a salir lentamente, el de verdad está jodiéndome con esta lentitud, lo hace un par de veces más y yo dirijo una de mis manos a uno de mis pechos mientras con la otra agarro su trasero y lo empujo más dentro de mi. Al parecer entiende mi pedido silencioso pues comienza a introducirse hasta el fondo con un poco más de prisa. Una de sus manos va a mi pecho mientras la otra va a mi clítoris, yo recuesto mi cabeza en su hombro porque esto es demasiado bueno. Sin que me de cuenta él se detiene, me gira y tira sobre la cama para colocarse encima de mi. Sube una de mis piernas a su hombro mientras la otra la enredo alrededor de su cintura, el ritmo aumenta y de nuevo su mano baja por sobre donde estamos unidos, mis gritos comienzan a ser escandolosos y ni siquiera puedo sentirme avergonzada pues sólo pienso en lo bien que se siente, en como nunca había disfrutado así en el sexo porque siempre sobre analizo todo, pero ahora no, ahora solo puedo concentrarme en lo que estoy sintiendo.

Cierro mis ojos por todas las sensaciones pero escucho su voz a través de mis gemidos y palabras incoherentes que suelto -abre tus ojos bonita, necesito verlos-

Le hago caso y subo mi cadera para tener más contacto o acercarme más a su cuerpo si es posible. Pasan los minutos y siento que estoy a instantes de explotar; el baja su cabeza para besar mi cuello y es suficiente para mi control, siento una enorme ola de placer que explota bajo mi vientre, rasguño su espalda cuando siento tanto y grito un poco su nombre. El no deja de moverse y después de unos cuantos movimientos más siento que se tensa, lo aprieto más dentro de mí y él jadea pues supongo que la sensación le agrada. Nuestras respiraciones son un desastre, estamos sudorosos pero una sonrisa está en mi rostro. Esto era lo que estaba buscando.

El se voltea para quitarse el preservativo, lo anuda y deja en el piso, para volver a recostarse al lado de mi, mete su mano debajo de mi y me atrae a su pecho, por lo que ahora estoy casi acostada sobre él.

-¿Sirvió de algo toda esa tensión entre nosotros al alargarlo?-le escuchó preguntar.

-Claro que sí, fue bastante bueno- Después de tranquilizar a mi corazón no sé qué es lo mejor para hacer, así que me levanto lentamente, comienzo a vestirme y siento como se sienta en la cama.

-¿Qué es lo que haces?-pregunta con un tono que no logro identificar del todo, pero parece algo molesto.

-Me voy, tengo cosas que hacer-

-Tienes que estar bromeando, parece que estás huyendo-

-Mira, no alarguemos esto, fue genial, de verdad, pero soy un desastre siempre después de esto y me agradas demasiado para arruinarlo, mejor me voy y sigamos como hasta ahora- Sin esperar a que responda tomo mis zapatos y salgo de la habitación y posteriormente del departamento. Bajo en el ascensor y tomó un taxi. Recuesto mi cabeza en la ventana y me digo que soy una insensible por hacer eso cuando él claramente buscaba algo más después de tener relaciones, por eso precisamente no conservo a las personas en mi vida. No sé cómo reaccionar o demostrar algún sentimiento. Simplemente genial.

Capítulo 8

Llego a mi departamento y decido tomar una ducha por segunda vez en el día, es algo rápido para quitar el sudor de mi cuerpo, salgo y me visto con un camisón de seda que me gusta para dormir, no me coloco ningún tipo de ropa interior pues está haciendo calor, decido que necesito distraer mi cabeza y prendo la tele en busca de una película. Estoy casi quedándome dormida cuando escucho el timbre sonar, me levanto y a pasos perezosos camino hacía la puerta, la abro sin preguntar y antes de poder hablar Harry se introduce en mi casa luciendo muy seguro.

-Tu no puedes irte así después de lo que paso, sé que no somos novios o pareja para pedirte que hagas algo, pero jodidamente no puedes ir, acostarte conmigo, tener sexo alucinante, enloquecerme a ese nivel y así sin más irte- comienzo a abrir mi boca para hablar pero el me detiene, se coloca justo frente a mi y tapa mi boca con su mano, yo abro los ojos pues no esperaba ese movimiento- no, tu me vas a dejar hablar y después podrás mandarme a la mierda o aceptar. No soy un juguete y no quiero tratarte como objeto sexual, me gustas, eres más de lo que espere, lo admito, empezó como un buen juego pero en el camino me lleve la sorpresa de que quiero compartir más contigo que él sexo, no estoy pidiéndote que seamos novios o nos casemos, sólo que podamos mantenerlo más allá de sólo voy te follo y me largo sin decir nada. Así que aquí va mi propuesta, seremos amigos, podremos ir a citas si queremos, platicar y hasta puedes usarme para cuando te encuentres a tu ex. Pero después del sexo, que espero tengamos mucho, nos quedaremos en la cama a platicar o podremos abrazarnos o dormir si es el caso, pero nada de huir o semejante, ¿Así que lo tomas o lo dejas?-Él retira su mano lentamente de mi boca.

Vaya, esa sí que fue una declaración, me toma un poco de tiempo procesar lo que me está diciendo, siendo sincera me siento a gusto con él, y me esta dando la oportunidad de mantenerlo en mi vida aún cuando lo que hice hace un par de horas fue horrible, ¿me agrada? si, ¿me gusto el sexo con él? por supuesto, ¿entonces porque siento que estoy haciendo todo mal?

-Debo advertirte que soy un asco para todo lo relacionado después del sexo, me cuesta horrores ser cariñosa y aunque no lo busco siempre alejo a las personas por mis errores, si quieres arriesgarte entonces hagamoslo- él esboza una lenta sonrisa y me besa sin que lo espere, no es un beso tierno, es un beso lleno de necesidad que se siente demasiado bien, el me retiene lo más cerca que puede de su cuerpo, coloca sus manos debajo de mi trasero y me hace enredar mis piernas alrededor de su cintura creando fricción que inmediatamente siento pues no llevo nada debajo de mi camisón. Me estampa contra la pared y baja besos por mi cuello, baja los tirantes y se detiene.

-De verdad siento que me vas a volver loco, me recibes así sin nada de ropa debajo de esto que está tan translúcido- sin responderle tomó de nuevo su nuca para acercarlo y besarlo, saco mis brazos de los tirantes y la prenda se arremolina en mis cadera, voy justo a su pantalón y meto mi mano para acariciarlo de arriba a abajo, primero lentamente y luego con más rapidez. Vuelve a besarme y toma mi labio inferior mordiéndolo lentamente. Le bajó sólo un poco el pantalón junto al bóxer y susurro- dime que estás limpio, porque justo ahora no quiero que vayas por un preservativo, yo estoy cuidándome-

-Limpio, lo juro- y entonces lo dirijo hacia donde más lo necesito, se introduce de un sólo golpe hasta el fondo, y recargo mi cabeza de la pared porque eso se ha sentido demasiado bien. Se mueve bastante rápido y casi me siento culpable porque está aguantando todo mi peso mientras me empuja un poco contra la pared en cada embestida. Sus labios están en mi pecho, en mi cuello y en mi boca, tal parece que no sabe que es mejor probar. Con una mano me agarro a su nuca y con la otra rasguño un poco su espalda, no pasa mucho tiempo cuando ambos terminamos jadeando y bastante satisfechos, suelta poco a poco mis muslos para sostenerme por mi sola. Me abraza por la cadera y lo siento sonreír pues su pecho vibra.

-Eso fue bastante intenso-

-Si, lo fue- respondo sonriendo un poco. Tomo su mano y lo guío hacía mi cuarto, el se saca su playera y termina por quitarse el pantalón y el bóxer que por la intensidad del momento sólo lo bajamos lo suficiente para lo que queríamos, nos acostamos desnudos uno frente al otro y él coloca su mano acariciando mi cadera en pequeños círculos.

-¿Por qué no quieres una relación?- vaya, esa no era la pregunta que esperaba, me incomodo un poco y él parece notarlo pues vuelve a hablar- ¿acaso es otra de tus reglas? no hacer preguntas tan personales- respiro hondo y decido contestarle.

-Después de que terminará con el ex que conociste yo estaba bastante afectada, no tenía autoestima, estaba destrozada y mi vida se había vuelto un infierno, todo lo que conocía era ser perfecta para él, pero eso no bastaba, siempre había algo mal conmigo según él. No lo complacía de ninguna forma y se encargaba de hacerme saber que nadie me aguantaría más que él y me volví dependiente, creí en sus palabras y ya sabrás cómo fue de difícil el alejarme. Huí fuera del país para intentar sanar pero estando lejos me di cuenta que mi confianza en las personas se fue a la mierda, intente salir con chicos pero entraba en ataques de pánico al imaginarme dependiendo de alguien más o darle el poder a esa persona de dañarme nuevamente. Además eso que hizo en mi autoestima sigue afectando al no sentirme suficiente para estar con un hombre. Y no creo que alguien sea capaz de escuchar mi pasado y no se sienta diferente con respecto a mí-

-Bueno, eso son miedos bastante coherentes del porque no quieres ceder ese control, supongo que es normal y no soy nadie para juzgar el que no confíes en las personas, pero espero yo ganármela con él tiempo-

Y muy dentro de mi espero que lo haga, espero no espantarlo y que me haga confiar de nuevo, aunque lo oculto y vuelvo a besarlo para evitar responder con lo que acabo de descubrir, espero no equivocarme contigo Harry, de verdad lo espero.

Capítulo 9

Durante toda la noche Harry no se va, conversamos un poco, de todo y de nada, simplemente pasando el rato hasta que nos quedamos dormidos, en medio de la madrugada me despierto debido a otra pesadilla, no hago lo que comúnmente pasa en las películas de despertar gritando, no, como es mi personalidad oculto todo rastro de sentimientos y sólo lloró silenciosamente, trato de no moverme mucho para no despertar a Harry pero sin pensarlo demasiado me acerco más hacía él y me acurruco, el se voltea y coloca su mano sobre mi cadera, así que tomo la señal divina para esconder mi cabeza en su pecho y respirar su aroma. Siento que han pasado siglos desde que alguien me sostiene mientras lloro, la única persona que lo hizo alguna vez ahora ya no está y tampoco quiero aferrarme a Harry, pero esto se siente tan bien y estoy tan cansada de estar sola que me dejo llevar.

Comienzo a sentir lentos besos desde la base de mi garganta hasta mi mejilla, sonrió aún con los ojos cerrados y después los abro muy lentamente, Harry está recostado de lado sosteniendo su cabeza por su mano y no deja de verme fijamente.

-Tu cabello está bastante loco el día de hoy- es lo primero que dice y yo sólo coloco la almohada sobre mi cabeza.

-Si, lo sé, no puedo controlarlo, es una de las razones para no quedarse a dormir-

-Bueno, ahora ya estoy empezando a dudar si debo quedarme a dormir, parece un nido de pájaros- medio gruño por su confesión y le arrojó la almohada sobre la cabeza, pero la verdad me ha hecho gracia su comentario por lo que no puedo ocultar mi sonrisa.

-Buenos días- me sonríe coquetamente mientras se coloca frente a mí.

-Buenos días-

-De verdad desearía quedarme a desayunar, pero necesito ir a cambiarme para el trabajo, ¿te parece si quedamos para cenar?- dudo un poco pensando que tengo que hacer el día de hoy pero como siempre estoy libre.

-Claro, me parece bien- asiente con la cabeza y se levanta para comenzar a vestirse, cuando termina se acerca a mí, me da un corto beso y sale, sólo escucho el sonido de la puerta principal al cerrarse. Me recuesto una vez más y observo el techo ¿qué estoy haciendo? ¿dejar entrar a alguien a mi vida de esa manera no es lo que tenía planeado? Sé perfectamente que el sexo me ayuda a relajarme y a olvidar aunque sea por unos instantes las cosas, pero también se el terrible sentimiento de remordimiento que viene después, cierro los ojos fuertemente y vienen a mi mente los recuerdos, los gritos desesperados y casi siento el dolor en mi vientre reviviendo el momento. Vuelvo a abrir los ojos porque no quiero recordar, muchas veces quisiera haber muerto en ese accidente, el no haberme agachado sobre el asiento porque eso fue lo que me salvó la vida.

Escucho el timbre de la puerta y camino para ver quién ha venido a cortar el hilo de mis pensamientos. Al observar por la rendija me doy cuenta que es Alan, abro la puerta y él sin pedir permiso se adentra y se sienta en el sillón.

-Veo que has tenido una noche movida- me dice subiendo y bajando las cejas sugerentemente.

-Un poco si-

-¿Y cómo ha sido?-

-¿Quieres todos los detalles?- le pregunto sentándome junto a él luciendo muy divertida, pues conozco cuál es su respuesta.

-No necesito lo más sucio, pero estoy dispuesto a escuchar-

-Fue genial, la química estuvo fantástica, hasta que lo arruine y me fui- él me observa con lo que es un poco de tristeza, él conoce que me es difícil expresar mis sentimientos, pero permanece callado dispuesto a escucharme- luego el vino hasta aquí y me dio un discurso bastante apasionado acerca de intentarlo sin una etiqueta, sólo siendo nosotros pero disfrutando mutuamente-

-¿Y aceptaste?-

-No pude rechazarlo, la verdad es que estos últimos días fueron maravillosos y estaba cansándome de sólo tener que huir lo más rápido posible, el sabe que no puedo ofrecerle una relación y esta bien con eso, pero también está dispuesto a darme un poco de cariño y no sólo ser el cuerpo con el que desquita las ganas-

-Cariño, yo sabía que te hacía falta un poco de cariño, pero no soy nadie para obligarte a buscarlo o superar todo de una vez y avanzar, sé que es difícil pero me siento tremendamente orgulloso de que te des una oportunidad, aunque como tú es algo super extraño que no alcanzo a comprender- sonrió negando con la cabeza porque es cierto, nadie logra descifrarme, ni yo misma lo he logrado.

Después de que se va paso toda la mañana y tarde viendo películas y comiendo, es mi día libre y definitivamente necesitaba este tiempo para mí. A eso de las cinco de la tarde escucho mi celular sonar y contestó sabiendo que es Harry.

-Tienes el placer de hablar con Samsara, ¿qué se te ofrece?- el ríe por mi peculiar manera de contestar el teléfono.

-Quiero invitar a cenar a la hermosa dueña del celular, paso por ti a las 8, no preguntes a dónde iremos, es una sorpresa-

-De acuerdo- sonrío y él finaliza la llamada. Continúo viendo la televisión y después comienzo a arreglarme para la cena, no me maquillo ni visto exageradamente pero me siento tranquila con mi reflejo.

A las ocho en punto tocan mi puerta y sabiendo que es Harry tomo mi bolso y salgo cerrando la puerta detrás de mí.

-Hola bonita-

-Hola- sin más nos dirigimos hacía el ascensor y una vez dentro de su auto me platica como estuvo su día. Si alguien nos viera podría pensar que somos una pareja normal, que yo soy normal, que irónico es ver un espejismo, pues cada quién guarda sus demonios muy dentro.

Al llegar al restaurante nos colocan en una de las mesas de la terraza, lo cuál agradezco pues hace bastante calor. De un momento a otro me paralizo, ella está caminando hacía nosotros y me ve fijamente, ya no proceso lo que está pasando a mi alrededor sólo puedo enfocarme en que esa señora me ha visto y viene directo hacía mi para hablar. Estoy jodida.

-Hola Samsara, cuanto tiempo sin verte, he estado buscándolos desde hace unos meses que volví a la ciudad pero nadie sabe nada de ustedes, sólo que desaparecieron sin decir nada, dime ¿dónde puedo localizar a tus padres, están aquí contigo?-

Sin poder controlar mi lengua sólo alcanzó a murmurar -ellos murieron hace un par de años-

-Oh, no lo sabía, no sabes cuánto lo siento, debe haber sido terrible, se que no eran la gran familia pero eran tus padres, al menos tienes a tu pequeño, ¿o es niña? ¿cuántos años tiene ya, 2?- y es su última pregunta lo que termina por consumirme, dejo de escuchar porque en lo único que puedo pensar es en el dolor, mi vista comienza a nublarse al grado de no ver nada, mi respiración está tan pesada que me cuesta respirar y seguro luzco como una loca, aquí está lo que había tratado de ocultar, mi pasado, no puedo concentrar mis pensamientos en respirar como me enseñó el doctor ante mis ataques de pánico, ni siquiera a alejar los recuerdos, es como si estuviera frente al momento exacto, viéndome desde afuera y me doy asco.

Siento una mano que acaricia mi espalda y un piquete en mi brazo, poco a poco la luz vuelve a mi vista y mi respiración comienza a relajarse, observó que Harry es el que se encuentra sobando mi espalda mientras charla con Amelia, esta mujer que con unas solas palabras ha venido a recordarme justo lo que había ocultado en lo más hondo.

No se cuanto tiempo pasa cuando empiezo a sentir un cansancio que me está desvaneciendo, soy medio consciente de que Harry me toma en sus brazos y comienza a caminar llevándome con él. Siento que digo algo por cómo se siente mi garganta pero aún no puedo escuchar nada, finalmente cierro los ojos y me dejo llevar. Pero en mi mente mientras duermo vuelvo a soñar con ella.

Capítulo 9

Punto de vista Harry

Todo parece marchar a la perfección, primero estamos platicando tranquilamente en el restaurante y de un segundo a otro veo como ella abre sus ojos, luce bastante asustada y comienza a respirar con dificultad. Estoy a punto de preguntarle qué es lo que le sucede cuando escucho a una mujer mayor hacerle preguntas a Samsara, ella cada vez luce más nerviosa y aterrada, trato de no inmiscuirme en la conversación pero justo cuando ella menciona algo de sus padres muriendo mi cerebro se conecta, pero definitivamente todo se va a la mierda cuando la señora habla de un ella o él, un bebé.

Samsara comienza a tener un ataque de pánico, lo reconozco, he convivido con ellos y se perfectamente que ella no tiene control sobre su cuerpo, noto que su cara comienza a amoratarse por la falta de oxígeno, así que me levanto y coloco justo a lado de ella.

-Ya, ya, tranquila- le susurro a Samsara mientras acarició su espalda, pero veo que eso no funciona y entonces estoy aterrado de que algo realmente malo le pase.

-Alguien traiga a un jodido médico, necesita ayuda y usted lárguese de aquí, ella no necesita escucharla por más tiempo- digo lo último dirigiéndome a la señora que ha venido a poner de esta manera a la chica que en estos momentos está consumiendo mi juventud ante el terror que siento.

Llega un doctor que no se de donde diablos salió pero comienza a examinarla, hace una mueca y se dirige hacía mi

-¿Eres su esposo o pareja?-

-Pareja- ni siquiera me importa lo que estoy diciendo, pero tengo la leve sospecha que si digo amigo no me dejarán permanecer con ella.

-Tendré que administrarle un calmante inyectado, pero tendrá que llevársela para que descanse-

-Si, si, haga lo que sea necesario- El doctor inyecta algo en su brazo y minutos después siento como su rostro va adquiriendo el color normal de su piel, por el toque que proporcionó en su espalda siento como se va relajando y sus ojos comienzan a cerrarse como si estuviera muy cansada, la tomó en brazos y me dirijo hacía mi auto, el gerente del restaurante me ayuda a ponerla en el asiento del copiloto y agradeciendo su ayuda subo al auto y conduzco a su casa. Después de estacionarme afuera de su edificio me siento un poco culpable de rebuscar en su bolso las llaves, pero supongo que será mejor que ella despierte en un lugar conocido y no en un cuarto sin reconocer nada.

Hago malabares para lograr entrar a su apartamento cargándola pero cuando entramos escucho que ella murmura

-Yo lo hice, fue mi culpa-

Entró a su habitación y la colocó sobre la cama, le quitó los zapatos y la tapó con una manta. Me recuesto a lado de ella y acarició con mi palma su mejilla y retiró los mechones que le caen sobre los ojos. Una vez tranquilo dejo que mi mente viaje sobre la información que he escuchado hoy, sé que sus padres están muertos porque ella lo murmuro pero hay algo que no entiendo, esa señora mencionó a un niño, no tengo idea a quién se refiere pero por lo poco que conozco a Samsara no querrá decirme nada.

-¿Qué tanto daño ha sufrido Sam?- medio murmuro porque si algo me ha quedado claro es que ella tiene muchas cosas ocultas de su pasado.

Me despierto por los rayos del sol y una nariz que olfatea mi mano, abro los ojos y me doy cuenta que Sam se ha acurrucado junto a mi, justo como la noche anterior. La atraigo más hacía mi y ella comienza a moverse, lo que me indica que está a punto de despertar. Abre sus bonitos ojos color miel y parece un poco asustada, es la confirmación de que recuerda lo que pasó ayer en la noche. Se levanta y entra al baño, cuando sale ni siquiera me mira a la cara, ve a sus pies y después de lo que parecen siglos, habla.

-Quiero estar sola- si por mi fuera yo no dejaría que ella se quedará sola, pero entiendo que necesita su espacio y soy una persona que sabe más que nadie que debe respetar la soledad de los demás.

-De acuerdo, me iré, pero prométeme que si necesitas algo me marcarás, se que no somos los grandes amigos pero puedes contar conmigo- paso por su lado, depositó un beso en su mejilla y salgo de su apartamento, espero no estar cometiendo un error.

Dos putas semanas han pasado desde la última vez que la vi, estoy cabreado por el hecho de que la he llamado como un acosador pidiéndole que me deje entrar en su vida, que no sólo tengo que ser su folla amigo, pero ella no ha tenido la delicadez de contestar a mis llamadas. Estoy harto y repitiéndome que no dejaré que alguien juegue conmigo de esa manera, yo quería una amistad pero al menos espero recibir algo de su parte, un jodido mensaje diciendo estoy bien, ¿es demasiado? pues al parecer para ella si.

Estoy recostado en mi sillón intentando ver una película cuando el timbre de mi casa suena, lo que me faltaba, alguien que de seguro no quiero ver viniéndome a molestar. Camino hacia la puerta y sin ver quién puede ser abro la puerta dispuesto a mandar a quien sea a la mierda para seguir maldiciendo a gusto a solas. Lo que no espero es encontrarme con esos ojos miel, su cabello castaño claro con las ondas descontroladas y sus pequeñas pecas alrededor de su nariz, estoy más que sorprendido, dispuesto a hablar cuando ella me gana.

-¿Por qué no puedes ser como todos los demás? Espantarse ante la primera señal de lo jodida que estoy, o sólo utilizarme y después aburrirte porque no tengo nada más que dar, ¿qué es lo que tu quieres?- Lo primero que noto es que está demasiado ebria, eso explica el porqué parece tambalearse con cada movimiento que hace y que su lengua se haya trabado al hablar.

-Ven, pasa y contestare tus preguntas- ella se adentra al departamento y lo primero que hace es quitarse el abrigo, pienso que eso quedará ahí, pero no, ella tiene que complicar todo, después va por su camisa blanca y la desabotona, luego se agacha y quita sus botas, pone sus manos en sus pantalones y comienza a deslizarlos por sus piernas, estoy bastante entretenido hasta que caigo en cuenta que estoy molesto con ella y no utilizare el sexo como recompensa, merezco una explicación, aunado al hecho de que esta demasiado borracha. Así que con todo el dolor de mi entrepierna me acerco a ella y le colocó una manta alrededor cubriendo su desnudez, trato de no tocarla en el acto porque tampoco soy un santo y verla semidesnuda ha hecho cosas en mi pantalón.

-Tienes que distraerme, por favor tengamos más de ese sexo alucinante que sabes dar- ella definitivamente va a enloquecerme, la guió hacía la cocina y escuchando sus protestas como niña chiquita le preparo un café bien cargado, porque si necesito hablar con ella quiero que lo haga estando sobria.

-Tómatelo, te ayudará-

-¿Y después tendremos sexo?-

-Si es lo que quieres- me encojo de hombros y ella comienza a tomarlo sin parar, cuando coloca la taza de nuevo en la mesa se acerca peligrosamente a mí, como si estuviera lista para saltarme encima y es justo lo que hace, casi caigo si no fuera porque me detengo por la barra de la cocina. Ella besa mi cuello y casi quiero gemir pero pensándolo bien comienzo a caminar hacía el baño, cuando llego abro la ducha fría y haciéndonos un favor a los dos nos introduzco bajo el chorro de agua fría. Primero casi quiere matarme pero después comienza a verse más tranquila, supongo que el alcohol está yéndose de su sistema.

Se baja de su agarre de koala que estaba haciendo y sale del baño, la sigo y le entregó una toalla, la enrolla alrededor de su cuerpo y se sienta en la cama. Yo me acerco lentamente porque no quiero asustarla.

-Lo arruine de nuevo, ¿verdad?- casi caigo hacía atrás por su comentario, me colocó justo frente a sus ojos arrodillándome entre sus piernas, si vamos a hablar necesito que me vea a los ojos.

-Samsara quiero que me escuches, a mi de verdad me importas, quiero conocerte y de verdad puedes contarme lo que sea y no te juzgaré, sólo quiero conocerte y entenderte, confía en mí- cierra los ojos y parece que se da por vencida, hunde sus hombros y abre los ojos de nuevo lentamente.

-Yo tuve la culpa de que mis padres murieran, el día del accidente, yo cometí un error en mi vida, ellos lo notaron y al saber que estaba mal me llevaron de urgencias a un hospital, estaban tan preocupados que papá no se dio cuenta que estaba manejando a una velocidad inadecuada, cuando me retorcía del dolor en la parte de atrás me agache para intentar tomar el celular y marcar a Leo avisando que iba al hospital, pero sólo sentí un golpe y después como el coche dio varias vueltas. Un coche se estrelló contra nosotros y por la velocidad del auto salimos disparados, yo me salve al quedar protegida por los asientos delanteros pero ellos murieron al instante, a papá un golpe en la cabeza y a mamá un vidrio le perforó el corazón. Yo los maté Harry, fue mi culpa que se produjera el accidente-

Sin pensarlo tomó su rostro y limpio las lágrimas que caen por sus mejillas, la atraigo hacía mi y la abrazo, ella llora y yo la dejo desahogarse mientras susurra cosas que no entiendo.

-Shh, tranquila, tu no tuviste la culpa de nada, fue un accidente, eso no puedes controlarlo, no digas eso, si estás aquí es por algo, tu no tuviste la culpa, Samsara créeme- se aleja un poco de mi y me mira a los ojos, parece que pasan minutos y asiente. Se vuelve a recostar en mi pecho y la vuelvo a abrazar, sé que no me ha contado toda la historia, pero al menos he logrado que abra un poco su corazón hacía mi, espero sea un progreso.

Capítulo 11

Veo al techo tratando de poner mi mente en blanco y descansar, pero no puedo hacerlo, mi cabeza da mil vueltas y estoy un poco ansiosa sobre las declaraciones de Harry hace unas horas, después de derrumbarme de esa manera ebria y desastrosa me obligo a quedarme a dormir. Si soy sincera no recuerdo el cómo se siente que alguien te proteja y no sólo te vea como un cuerpo caliente en el cuál disfrutar sin esperar nada más. Las personas a mi alrededor saben que soy fría pero él quiere adentrarse más, conocerme, cosa que nadie se ha atrevido desde él y bueno, el resultado no fue el mejor. Tallo con mi mano mis ojos y alejo los pensamientos de mi cabeza una vez más, pero como siempre, no funciona.

Me coloco de lado y observó su perfil, tiene largas pestañas que crean sombras sobre sus pómulos, luce sereno y tiene pequeñas arrugas justo a lado de la boca, supongo que por su sonrisa que parece nunca querer abandonar su rostro. Es apuesto, cariñoso, no me trata mal y sobre todo no me juzgo, sé que él escuchó más de la conversación con Amalia, después de que él se fuera del departamento pude recordar esas lagunas que se formaban en mi cabeza. El definitivamente tuvo que haber escuchado acerca de ella. Sin que me de cuenta mis ojos empiezan a pesar y doy gracias al alcohol que me deja totalmente noqueada y poder tener una noche tranquila sin pesadillas.

Despierto oliendo a algo que hace que mi estomago se remueva, sin muchos ánimos terminó por pararme y dirigirme a lo que recuerdo es la cocina, y definitivamente no estoy preparada para la vista, Harry está sin camisa y un pantalón de chándal demasiado abajo de sus caderas, de espaldas cocinando algo que huele delicioso. Sin pensarlo me acerco para inhalar más de esa delicia. Harry me mira por el rabillo del ojo y sonríe.

-Te estoy preparando una receta secreta de mi madre, chilaquiles para la cruda- sonrío y decido no estorbarle y sentarme en la barra de la cocina, el que él este distraído me sirve para inspeccionar su departamento, es amplio con sillones negros y una decoración minimalista, al menos es ordenado.

Salgo de mi ensoñación cuando siento sus manos sobre mis muslos, eso claro que capta mi atención. Abre mis piernas un poco y se hace espacio dentro de ellas. Coloca el plato entre nosotros y con un tenedor acerca un poco de comida a mi boca.

-Mmmm creo que no, no soy un bebé al cual alimentar- medio susurro porque estamos a muy corta distancia el uno del otro.

-Lo sé, pero quiero hacer un gesto lindo, además tengo una buena vista desde aquí- Y entonces noto que la playera que me presto para dormir se ha subido más arriba de mis muslos y que no llevo ropa interior, claro, muy conveniente para él. Pero yo también puedo jugar. Me empujo con las manos sobre la encimera y me acerco más, rodeo con mis piernas su cadera y entonces abro mi boca.

-Alimentame entonces- digo mientras me encojo de hombros. Veo cómo sus pupilas se dilatan y sonrío internamente. El me da un bocado y se dedica a comer del mismo plato. Cuando terminamos el desayuno deja el plato a un lado y pone sus brazos al lado de mi cuerpo, aprisionandome entre la mesa y su cuerpo.

-Antes de que te haga gritar mi nombre quiero que hagamos un pacto-Me remuevo un poco incómoda porque eso significa abrir más mi vida a él, no necesitamos abrir la caja de pandora.

-No prometo nada, pero te escucho- es lo menos que puedo hacer después de desaparecer por tanto tiempo.

-A partir de hoy nos contaremos un secreto cada que tengamos sexo, puede ser muy profundo o algo superficial, no mentía cuando te dije que quería conocerte, así que para que no temas en que te lastimaré yo también te abriré mis secretos y así podrás utilizarlos a tu favor si yo te fallo-

-Mis amigos dicen que aplasto las ilusiones y corazones ¿no temes que lo haga contigo?- él simplemente niega con la cabeza y es suficiente para mí, el me esta ofreciendo algo que pocas personas dan, sus secretos, así que lo único coherente que viene a mí es besarlo, lo abrazo por el cuello juntando nuestros pechos y lo beso diciéndole si sin palabras.

Primero es un beso apasionado, pero él parece querer enfrascarse en otra cosa cuando comienza a bajar los besos por mi mejilla, mi cuello, mi pecho y no se detiene. Sigue bajando hasta que siento su respiración entre mis piernas. No mentiré diciendo que no estoy nerviosa, el sexo oral es algo a lo que no estoy muy acostumbrada.

-Desde la primera vez que te vi desnuda quise probarte de todas las maneras posibles, y aunque suene cavernícola cuando esta mañana te vi con mi playera- suspira- definitivamente tengo que hacer algo al respecto- Sin esperar mi respuesta comienza besando lentamente, soplando y tentando a mis sentidos, imparte caricias a lo largo de todo mi muslo izquierdo lo que parece calmarme. Cuando él parece satisfecho con mi tranquilidad lame ese punto oculto, él no es lento ni delicado, definitivamente sabe lo que hace. Sin controlarme tomo su cabello y lo instó a ir más rápido, me encuentro jadeando su nombre y diciendo incoherencias, cuando siento que estoy cerca, introduce uno de sus dedos y lo mueve de forma circular y eso es todo, mi mundo estalla en mil pedazos y tengo un orgasmo alucinante. Suelto poco a poco su cabello y me acuesto completamente sobre su encimera. Todavía perdida entre el mar de sensaciones siento como se va introduciendo dentro de mí poco a poco, enredo mis piernas alrededor de él y comienza a moverse rápidamente, ninguno de los dos necesita mucho tiempo, después de algunos minutos estamos tan tensos reteniendo el orgasmo que un beso nos basta, explotamos y casi puedo ver estrellas detrás de mis ojos.

Sin querer detener mis palabras decido cumplir nuestro pacto y le doy uno de mis pequeños secretos.

-Siempre fui de las que cumple con las expectativas de alguien, me pierdo tanto a mí misma que siempre estoy fingiendo. Últimamente he pensado que necesito encontrarme y descubrir quien soy- Parece que piensa y reflexiona, siento que no dirá nada cuando finalmente dice.

-Yo puedo ayudarte con eso- y sonrío ante su respuesta, porque él parece bueno sabiendo quién soy.

Después de que ambos recuperamos nuestra respiración me da un beso lento y me ayuda a bajar de la encimera, nos dirige al baño y al entrar cierra la puerta detrás de nosotros.

-Es momento de tomar un buen baño, no como el de ayer- me susurra al oído desde atrás, mientras con sus manos va deslizando la playera fuera de mi cuerpo. Cuando finalmente la retira toda me giro y tomo los bordes de su pantalón para quitarlo, el me ayuda a la mitad y lo arroja fuera de nosotros, toma mi mano y abre la llave del agua, ambos esperamos que el agua esté templada para poder entrar. Finalmente nos metemos bajo el chorro de agua y cierro los ojos ante la sensación, pues eso ayuda a destensar mis músculos.

Lo escucho moverse y después me doy cuenta que empieza a masajear mi cabello, tratando de aceptar que alguien está cuidando de esa manera de mi recuerdo que él no me dijo su secreto, así que abro los ojos y lo observó fijamente.

-Tu no me dijiste uno de tus secretos- medio susurro, pero él alcanza a escucharme cuando se detiene por un momento y después vuelve a masajear mi cabello que está lleno de espuma.

-Hace unos años, cuando estaba en la universidad, era alguien completamente diferente, me dedicaba a jugar con los sentimientos de las chicas, era un completo patán- se detiene abruptamente y se que esa historia tiene más información pero no lo presiono y colocando mis manos en su espalda lo abrazo, coloco mi barbilla sobre su pecho y lo miro a la cara.

-Pero es claro que ya no eres así, haz sido muy diferente conmigo, he llegado a pensar que no eres real porque eres demasiado bueno, entiendes y lo que aún no logro comprender es que viste algo en mí para persistir, algo que nadie más vio, que soy una persona que sirve más que para tener sexo, que quieres conocerme, pero conocerme para entenderme y no para juzgarme. Además es una mierda que las personas te definan por tu pasado, es cierto que forja quien eres, pero para nada refleja el quién es en el presente- termino mi acalorado discurso y el me abraza de vuelta, me sonríe y niega con la cabeza.

-Es la primera vez que te saco algo tan profundo sin una pelea o embriaguez de por medio- me encojo de hombros ante su declaración y ahora soy yo quien empieza a tallar su cuerpo. Nos terminamos de bañar y al salir me coloco mi ropa que ya se encuentra seca después del incidente de ayer. Recordando que tengo algunas sesiones por la tarde me despido de Harry y me dirijo hacía mi departamento.

Capítulo 10

Casi son las 7 de la noche cuando termino de trabajar, voy saliendo del estudio cuando suena mi celular, observó el identificador de llamadas y es Harry, sonrió y contestó.

-Hola- digo, mientras sonrío a la nada.

-Hola nena, ¿cómo estás?-

-Estoy bien, saliendo del trabajo ¿y tú?-

-Pasando casualmente fuera de tu trabajo, ¿qué te parece salir a cenar y un concierto para hoy?-

-Parece que tu siempre tienes planes, dame un descanso hombre- Guardó silencio por unos segundos- Pero vamos, me encanta la idea-

-Genial, porque estaba empezando a desilusionarme, te espero afuera-

Cuelgo la llamada y recojo todo el material, me aseguro que todo esté en orden y salgo dirigiéndome al auto de Harry, al subir le doy un beso corto en la boca a modo de saludo. Él sonríe y me platica acerca de su día, habla con tanta pasión que me impresiona y yo me encuentro escuchando atentamente aunque no entienda del todo los términos que utiliza.

Cuando se detiene en un semáforo me pregunta que quiero cenar y sin pensarlo mucho pienso y le digo que tengo ganas de una hamburguesa, así que nos detenemos frente a un pequeño puesto de hamburguesas y las comemos en el auto. Nos sentamos frente a frente lo más que nos permite el auto y comemos sumidos en un silencio muy relajante. Cuando terminó la mía recargo mi cabeza del asiento y subo mis piernas hasta que estoy sentada en posición india. Él se limpia la boca con una servilleta y ofreciéndome una menta me sonríe.

-Veo que tienes flexibilidad, no entiendo como cabes en ese espacio sentada así- me encojo de hombros antes de contestar.

-Gajes del oficio, supongo, no soy tan flexible, pero si, tengo lo mío. Puedes averiguar en qué situaciones nos puede ayudar mi flexibilidad- y sonriendo coquetamente le guiño un ojo. Él nega lentamente con la cabeza, recarga su nuca del vidrio y cierra los ojos.

-Empezaba a pensar que nunca volverías a coquetear conmigo de esa manera, de verdad me encanta eso de ti, y estoy muy curioso acerca de qué posiciones podremos hacer, de hecho estoy pensando en una que po....- y antes de que termine de hablar me acerco y pongo mi mano en su entrepierna, comienzo a acariciarlo lentamente por encima de la ropa y él cierra sus ojos, respira entrecortadamente y sus caderas se elevan haciéndome saber que le agrada la sensación. Sonrío de lado, porque si, esto me hace sentir un poco dueña de la situación y me agrada, me agrada hacerlo sentir igual de bien que el a mi y sorprenderlo cuando menos se lo espera. Extrañaba el hacer lo que quisiera sin miedo a ser juzgada o rechazada.

Adentro la mano por debajo de su bóxer y sigo acariciándolo pero ahora con más rapidez. Cuando siento que está a punto de estallar me detengo y vuelvo a mi asiento, me pongo el cinturón de seguridad y veo hacía el frente pero no quito mi sonrisa de la cara.

Primero pienso que él me atacará y lo haremos justo ahora, porque eso era lo que quería, provocarlo, pero se ríe roncamente y se acomoda su miembro dentro de la ropa. Voltea a verme y acercándose lo más posible a mi boca murmura.

-Esto no ha terminado, no te salvarás de está nena- y prende el auto rumbo al lugar donde será el concierto. Para mi sorpresa sólo tardamos 15 minutos en llegar y al bajar toma mi mano y caminando lado a lado nos dirigimos a un pequeño foro, es una banda pequeña que canta rock en español, pedimos unas cervezas y cantamos un poco, es bueno que toquen covers, sino hubiera sido raro no conocer ninguna canción.

Después de algunas horas en las que hemos cantado, bailado y tomado un poco, nos vamos. Estoy demasiado divertida y al salir al frío de la noche miró hacía el cielo, se notan algunas estrellas y hay luna llena. Cierro los ojos y sonrío muy ampliamente, me río, parece que no puedo dejar de hacerlo, empiezo a dar vueltas con los brazos extendidos y puede que me vea rara pero me importa poco cuando la estoy pasando tan bien. Siento cerca la presencia de Harry, me observa con las manos en los bolsillos de su pantalón y sonríe tiernamente.

Me acerco hasta él, lo abrazó y lo insto a que me de vueltas como si estuviéramos bailando, él entiende mi petición y comenzamos a bailar sin ritmo pero sin despegarnos.

-Eres única, parece que estás loca y a veces no te comprendo, pero siempre me sorprendes- seguimos bailando por un par de minutos hasta que me detengo y lo beso lento y profundamente, él lleva sus manos a mi espalda baja y hace círculos con sus dedos, me retuerzo un poco por la sensación y termina el beso. Nos lleva a su auto y posteriormente a mi casa. Cuando se estaciona dentro del edificio, hace su asiento hasta atrás; no entiendo muy bien lo que hace hasta que con un brazo me toma de la cintura y me atrae hasta sentarme sobre su regazo, siento el volante en mi espalda y lo miró sonriendo.

-Que hábil resultó señor- sin contestarme toma mis mejillas y me besa, es un beso que me quita la respiración, es como si estuviera reclamando todo de mí, y me encanta. Tomo el cabello de su nuca y lo jalo sólo un poco sabiendo lo que eso despertará en él. Baja su besos a mi cuello y muerde a su antojo, adentra sus manos debajo de mi playera, toma mis pechos envueltos en el bralette que traigo y los masajea, me saca suspiros y pequeños gemidos, empiezo a moverme sobre él, me doy cuenta que una canción está sonando en la radio, *no hay palabras para expresar* y es justo como me siento con él, Harry me hace sentir de una buena manera pero no puedo ponerle nombre a lo que sentimos.

La melodía acompaña el momento, sólo puedo pensar en que tal vez lo nuestro es más que sólo físico. Bajo mis manos y desabrocho su pantalón sufriendo contra lo reducido del espacio, lo bajo junto a su bóxer y él trata de bajar mi pantalón lo más posible. Cuando siento cómo se va adentrando lentamente a mí se escucha *abriste la puerta y todo cambió* y no puedo estar más de acuerdo. Para facilitar las cosas termino de quitarme el pantalón y subo mi pierna hasta arriba de su cabeza y pasarla por detrás de su asiento.

-Ya descubrí que tu flexibilidad nos sirve y jodidamente la amo- sonrío pero eso hace que sienta más, el empieza a empujar con fuerza hasta lo más adentro que puede y con esta posición definitivamente llega más lejos. No deja de besarme, me recargo del volante y acerco mi cadera al encuentro de las suyas. Toma mis manos y las entrelaza con las suyas, me hace acercarme hasta él y cuando siento el nudo formándose y acercándose peligrosamente lo aprisiono con mis músculos, gime un poco y acaricia como ahora sé, está aprendiendo. Sin dejar de verme a los ojos ambos llegamos, él unos segundos después que yo. Me recargo de su frente y esperamos que nuestra respiración se normalice. Sonrío, porque ahora parece que no puedo dejar de hacerlo y lo escucho hablar.

-Creo que nunca me voy a cansar de esto- y yo internamente espero que no.

Capítulo 11

Ayer por la noche después de que Harry me dejará en mi departamento caí perdidamente dormida después de darle de comer a mi pequeña bola de pelos. Así que cuando despierto lo primero que noto es que no me dijo de nuevo su secreto, ni yo el mío. Me levanto un poco a la fuerza pues debo ir a tomar clase de danza, desayuno unas tostadas con mermelada y salgo directa a la academia.

Apenas he dado tres pasos cuando siento mi celular vibrar en mi sudadera. Al contestar veo que es Harry y es casi imposible no sonreír.

-Hola guapo-

-Vaya, no esperaba ese cumplido ¿haz despertado de buen humor?-

-Pues probablemente se debe a que me haz dado un excelente sexo estos últimos días- le conteste sonriendo y cruzando la calle.

-Oh por dios, juro que me estás enloqueciendo, recuerdame porque no me quede a dormir contigo y pudimos haberlo hecho más veces-

-Porque tengo clase y necesitaba descansar los músculos-

-Mmmm pero yo podría haberte ayudado a estirar- esa declaración me hizo recordar cómo se siente su tacto en mi cuerpo y casi gimo por la sensación, de acuerdo, este hombre sabe como enloquecerme y en vez de poner a prueba mi autocontrol decido cambiar de tema.

-Ahora que lo recuerdo no cumplimos con tu trato-

-Tienes buena memoria nena, justamente por eso te llamaba, va el mío, mi familia es bastante caótica, existen muchos problemas pero aún así los quiero, soy secretamente un niño de familia- me río un poco de su declaración y niego con la cabeza.

-Eso no lo esperaba- contestó y me detengo a pensar qué tipo de secreto le daré- Cuando mis padres murieron estuve a punto de quitarme la vida, fui a terapia por un tiempo pero hablar todo el tiempo de ello no me funcionaba, aún tengo momentos tristes pero trato de suprimirlos- primero hay silencio y pienso que empieza a arrepentirse de involucrarse con alguien tan dañada como yo pero escucho que suelta un suspiro.

-Me gustaría que a partir de ahora cada que tengas un episodio de esos contarás conmigo, he estado demasiado cerca de esos tipos de eventos, puedes confiar en mí, quiero estar ahí para ti-

En vez de contestar, sólo puedo pensar que él no puede ser real, demasiadas cosas buenas en mi vida en poco tiempo no pueden estar pasando, pero, quiero disfrutarlo, merezco disfrutarlo.

Antes de que pueda detener mis palabras sólo me escuchó decir -Estoy feliz de que estés en mi vida, gracias- lo oigo reír.

-Te quiero pequeña- no puedo contestar a esa palabra, por dios, todos a mi alrededor saben que me cuesta decir lo que siento, pero sonrío y me despido. Voy riendo por la calle negando con la cabeza, porque sí, probablemente él ya se ganó un lugar en mi corazón, he llegado a tomarle cariño. Y realmente es una tontería el plazo que dice la sociedad que debes esperar para tener sentimientos por una persona.

Cuando llegó a la academia veo que hay una fotografía mía promocionando las clases, me quedo observándola por un rato, me siento orgullosa, me encanta que parezco segura y confiada de mi cuerpo y pensar que tanto trabajo me costó sentirme a gusto conmigo. Me volteo decidida a entrar cuando veo una figura demasiado familiar para mi con una niña colgada de su brazo, vienen riendo y platicando entre ellos hasta que él alza la cabeza y me ve. Pienso que se detendrá e irá por otro lado pero en cambio sigue caminando y se detiene frente a la fotografía, observándola.

-Hola Samsara-

-Ammm hola- suelto incomoda.

-Veo que te haz vuelto bastante buena en esto de la danza, te ves bastante bien-

-Si, gracias, tengo que irme- y lo paso de lado porque no necesito más recordatorios de nuestro pasado en mi cabeza, pero antes de que pueda entrar y desaparecer de su vista lo escucho pidiendo que me detenga.

-¿Eres feliz con él chico que te vi la otra vez?- yo de verdad no esperaba esa pregunta, puedo decir que me encuentro un poco confundida hasta que sonrío y pienso que la respuesta es demasiado simple.

-Soy feliz estando sola, haciendo lo que me gusta hacer y que tu nunca apoyaste, él sólo contribuye en esa felicidad y la compartimos juntos-él asiente luciendo un poco confundido. Cierra los ojos, suspira y cuando vuelve a verme su expresión ha cambiado por completo.

-Te deseo lo mejor, lo mereces- y así, sin más, se va. Un poco confundida entro a mi clase, estiró, subo, me canso, estoy demasiado sudorosa pero mi cabeza permanece en los ojos verdes de Harry, el hablar con Leo sólo me ha dejado con ganas de estar entre sus brazos. Salgo después de dos horas y lo primero que hago es buscar en google la empresa de Harry, al encontrarla me dirijo hacia allá sin esperar más tiempo. Le pido a la secretaria me deje pasar y viéndome un poco confusa me acompaña hasta su oficina. Me abre la puerta dejándome pasar y al verme se nota un poco confundido. Aún así se para y se detiene justo enfrente de mí.

-Puedes irte Karla, gracias- cuando oigo que la puerta se cierra me abalanzo a sus brazos y lo beso desesperadamente. Él no pone resistencia, me besa con la misma intensidad, coloca sus manos debajo de mi trasero y me hace envolver mis piernas alrededor de su cintura. Nos guía hasta el escritorio donde sin importar los miles de papeles me deposita y sigue besando, comienzo a desabrochar su pantalón y lo bajo lo necesario, después de terminar bajo mi short de entrenamiento y lo veo a los ojos.

-Te necesito, quiero que estés dentro de mí- parece que no tengo que decírselo dos veces cuando se introduce en mí muy lentamente, tan lentamente que lo araño por encima de la ropa. Me acerco a su oído y le susurro lo que vine pensando todo el camino.

-Yo también te quiero y me encanta ser feliz contigo- eso detona algo en él pues gruñe un poco y se mueve con más rapidez llegando al punto que casi quiero gritar, pero él coloca su mano en mi boca para evitar hacer demasiado ruido. Introduce uno de sus dedos y lo lamo, pues mi autocontrol ha desaparecido. Casi han pasado 10 minutos cuando ambos terminamos explotando, yo alrededor de él y él dentro. Se levanta y se coloca su pantalón, toma un pañuelo y me ayuda a limpiarme. Después de acomodar mi ropa me sienta sobre su regazo en el sillón. Acaricia mi mejilla, hace a un lado mi cabello y me habla al oído.

-No me malinterpretes bonita, me encanta lo que acaba de pasar, me enloqueció que pudieras decirme que me quieras, pero algo debió haber pasado para eso- Volteo la cara para verlo a los ojos y decido ser sincera.

-Me encontré con Leo, me preguntó si era feliz contigo y después de analizarlo, me di cuenta que me gusta compartir mi felicidad contigo, me diste algo que hace años creí que no volvería a sentir. El cariño y las ganas de estar con alguien, sentir que merezco ser feliz y abrir mi corazón de hielo-

-Vaya, entonces debemos darle las gracias, ¿verdad?, me hace muy feliz que me dejes entrar un poco más en tu vida Samsara-

Capítulo 12

Estoy demasiado cómoda en su regazo mientras él dibuja círculos en la parte baja de mi espalda, lo miro a los ojos y me sonríe tiernamente. Cuando estoy decidida a que es momento de irme por más que no me apetezca, comienza a hablar.

-Ahora nos debemos dos secretos, te diré algo que solo mi familia y mi mejor amiga saben, espero que puedas entenderme porque es algo

muy difícil de decir- Suspira y me acomodo frente a él en el sillón para poder verlo directamente y darle seriedad al asunto.

-¿Recuerdas que te dije que era un patán en la universidad?- Asiento animándolo a continuar- Pues, en mi penúltimo año de la carrera conocí a una chica, salimos por un tiempo y nos enamoramos, fue mi primer amor y aunque me sentía feliz con ella no estaba preparado, a los pocos meses nos dimos cuenta que estaba embarazada, en ese momento no pensé y creí que mi vida había acabado. Estúpidamente en vez de hablar con ella y afrontar la situación me fui con mis amigos a beber para olvidar la impactante noticia, cuando estaba demasiado ebrio mis amigos la llamaron para que fuera por mi, y lo hizo; ella manejaba, y todo el camino me la pase diciéndole que era un error y que mi vida había acabado, hubo un momento en el que la escuche empezar a llorar y no me importo, yo solo seguía diciendo incoherencias. Sin que me diera cuenta un coche se pasó la luz roja y se estrelló contra nosotros, el golpe lo recibió todo ella, murió al instante, ella y mi bebé- Cuando termina su confesión me quedo callada un par de segundos sin saber muy bien qué decir, así que decido ser franca con él en un tema bastante duro para mi.

-No puedo tener hijos, hace un tiempo tuve un incidente que me impide tener bebes, no es algo que desee en este momento pero si es algo que me carcome de vez en cuando- Ambos nos miramos y nos damos cuenta que no necesitamos hablar porque entendemos nuestro dolor, las palabras son innecesarias.

Me abraza y juega con un mechón rebelde de mi cabello. Después de unos minutos tocan a su puerta y es hora de que me vaya. Me sonríe cuando se levanta y lo beso lentamente, abro la puerta para salir de ahí y entra su secretaria.

Mientras salgo de su oficina pienso que las personas pueden guardar muchos momentos difíciles y seguir adelante, la vida no tiene que ser aferrarte a los malos momentos, sino superarlos y aprender de ellos. Me subo al transporte y todo el camino no pienso específicamente en algo, observo todo a mi alrededor y me doy cuenta que necesito un tiempo en un lugar alejado de la ciudad, comienzo a formular a dónde podría ser y sin pasar mucho tiempo descubro que quisiera que Harry fuera conmigo, estar solo los dos.

Llego a mi casa y tras darme un baño me dedico a concretar citas para toda la semana, eso me distrae hasta pasadas las 8 de la noche. Decido parar por hoy pero mi celular suena y noto que es Alan, sonrío porque de seguro tiene una nueva conquista que quiere platicarme, pero me sorprende diciéndome que saldrá de fiesta con toda la pandilla y quiere que vaya, aceptó su oferta y le digo que nos vemos dentro de un par de horas.

Al colgar la llamada decido invitar a Harry quien me contesta que él tenía pensado salir con unos amigos que quiere presentarme y me propone que vayamos todos juntos de fiesta, acepto porque no suena tan descabellado, le cuento a Alan del nuevo plan y está fascinado de conocer a Harry.

Me arreglo con un vestido ajustado y unos tacones rojos que me encantan, me maquillo y estoy lista para la acción, o al menos eso creo.

Capítulo 13

Estoy tomando mis cosas cuando escucho el claxon de Harry avisando que ha llegado, tomo mi bolso y bajó las pequeñas escaleras hasta el, subo a su auto y le sonrío cuando nos damos un pequeño beso a modo de saludo. Enciende el motor y le doy indicaciones hacia donde se tiene que dirigir para llegar con nuestros amigos.

Llegamos al bar y al entrar al local localizamos a Alan junto a unos conocidos que tenía mucho tiempo sin ver, Harry me susurra al oído que saldrá por sus amigos y que en un momento regresa. Me encargo de saludar a todos y me coloco a lado de Alan que me prepara una bebida de bienvenida. Siento un brazo rodearme la cintura y me doy cuenta que es Harry, le sonrío y me presenta a todos sus amigos. Todos nos sentamos y empiezan a pedir cervezas como si no hubiera un mañana.

Sin que nos demos cuenta Alan es el que saca el tema a relucir.

-Así que finalmente están saliendo como pareja ¿cierto?-

Yo le doy un pequeño empujón con el hombro a modo de protesta y antes de que alguno de los dos podamos decir algo, André, uno de los amigos de Harry contesta.

-Estos dos llevan saliendo más de 1 mes juntos y quieren fingir que no pasa nada serio, pero todos sabemos lo que pasa-

Alan y André chocan sus cervezas y comienzan a reírse, yo no sé muy bien cómo reaccionar y prefiero terminar mi bebida para ocultar mi sonrojo.

-Pues, para su información si estamos juntos..- Y antes de que Harry termine de hablar yo me estoy atragantando con mi bebida y Harry intenta ayudarme mientras se ríe.

La noche pasa de lo más tranquila entre risas, bromas, juegos y bailes, para que negar lo obvio, Harry y yo aprovechamos para bailar muy juntos cada que podemos. Sus amigos resultan ser bastante divertidos y todos congeniamos mejor de lo que hubiera esperado.

Tomó un momento para ir a los baños y al salir Harry me estampa contra una pared y me besa apasionadamente, colando su mano por debajo de mi vestido hasta tocar mi ropa interior demasiado lento, eso hace que lo intente acercar lo más posible a mi y el beso se vuelve aún más violento, al separarse de mí me susurra al oído que es hora de tenerme solo para él.

Volvemos a la mesa y me despido de todos y después de burlarse sobre que alguien tendrá acción el día de hoy salgo primero para fumarme un cigarro. Al salir del local cruzó la calle ya que hay menos gente y Harry pueda localizarme mejor, al terminar el cigarro veo que Harry sale del bar y mirando hacía ambos lados voy a cruzar la calle cuando una luz me alumbra tanto que me ciega. No me doy cuenta de nada hasta que siento mi cuerpo pesado y como mis ojos intentan abrirse, escucho a Harry hablar una y otra vez diciendo mi nombre pero solo puedo escucharlo a lo lejos. Hasta que todo se vuelve oscuro y tranquilo.

Capítulo 13

POV Harry

Nunca sabes cuando alguien será imprudente y tomará hasta estar tan ebrio como para no ver una luz roja. Tampoco sabes si en ese mismo instante alguien, importante para muchas personas, está cruzando la calle sonriendo sin darse cuenta de nada. Hasta que sucede.

Veo el cuerpo de Sam impactar contra el auto y rodar hasta quedar a un lado de la acera, no se mueve, corro hacía ella y coloco su cara entre mis manos.

-Sam tienes que estar despierta, aguanta-

Sus ojos están cerrados pero se nota como quiere abrirlos.

-¡Alguien llame a una ambulancia!- gritó a nadie en concreto.

Escucho unas llantas derrapar y al levantar el rostro me doy cuenta que el imbécil se ha dado a la fuga, mi única preocupación es Sam en este momento.

Alan y todos van saliendo del bar cuando me ven sosteniendo a Sam en mis brazos, ambos en el piso; se acercan y llaman a la ambulancia, dicen que estarán aquí en 5 minutos. Yo no puedo concentrarme en nada más, no puedo perder a alguien más en mi vida. Sam no, por favor.

Le retiró el cabello de la cara y notó sangre que brota de una de sus piernas. Unas lágrimas ruedan sin que me de cuenta y solo puedo susurrar su nombre. No se cuántos minutos pasan pero alguien me aleja de Samsara para subirla a la camilla, sin pensarlo dos veces me subo a la ambulancia y nos dirigimos al hospital.

Cuando llegamos se la llevan por un pasillo y una enfermera hace que firme papeles y llene datos de Sam que realmente no conozco, hago mi mejor esfuerzo pero antes de que me derrumbe Alan llega y se encarga de todo. En el fondo le agradezco pero lo único que puedo hacer es sentarme y dejar la vista fija en la puerta por la que se llevaron a Sam.

Después de alrededor 3 horas un doctor sale preguntando por los familiares de Samsara y Alan y yo nos acercamos.

-La señorita Samsara se encuentra en observación. El golpe produjo una contusión que tenemos que mantener en observación, tiene un par de costillas rotas y tuvimos que operar por una fractura de hueso expuesto en su pierna derecha, esperamos que mañana la inflamación en su cerebro baje y pueda despertar, por el momento lo único que pueden hacer es esperar-

Trato de analizar la información que nos ha dado y mi única pregunta se la hago saber al doctor. -¿Podrá volver a bailar?-

El doctor coloca una mano en mi hombro- será difícil saberlo en este momento, primero tiene que despertar, pero con terapia y ejercicios podría recuperar el 85% del movimiento de su pierna.

Asiento y el doctor se retira, nos comunica que solo uno puede estar con ella durante la noche y Alan me informa que vendrá mañana temprano para que yo pueda descansar. Entró a la habitación y tomó la mano fría de Sam. Acarició su mejilla y le doy un beso en la frente.

-Todo estará bien, lo prometo-

Sin soltar su mano me siento junto a ella y espero, todo lo que hago es esperar y tomar su mano.

Capítulo 14

Escucho pitidos insistentes que no me dejan descansar, siento el roce de unos dedos en mi mano pero no logro abrir los ojos. Vuelvo a caer en un sueño profundo.

Al despertar intento abrir mis ojos pero me cuesta bastante trabajo. Tengo un dolor en mi costado y en mi pierna que me hace querer gritar pero no puedo emitir ningún sonido, mi garganta y boca se siente seca. Escucho que entran personas a la habitación y es entonces cuando puedo comenzar a abrir los ojos lentamente, la luz me lastima pero hago mi mejor esfuerzo. Lo primero que noto es a Harry, me sonríe, se nota cansado y tranquilo a la vez. Después observo a Alan y por último a un doctor que está anotando cosas, hasta que comienza a hablar.

-Señorita Samsara, tranquila, no intente hablar o podría lastimarse, asienta con la cabeza para decir sí o no. ¿Recuerda el accidente?- Me toma unos segundos pero recuerdo la luz y el golpe después de salir del bar. Asiento

-Estuvo en coma por 2 semanas, tuvo una contusión severa que nos hizo ponerla en ese estado para que la inflamación en su cerebro redujera. Tuvo dos costillas rotas y una fractura en la pierna, sus costillas están casi recuperadas, su pierna necesita fisioterapia, pero tenemos fe que pueda recuperar hasta el 90% de su movilidad- Asiento sin saber muy bien cómo asimilar esa información.

El doctor me da una sonrisa de lado y sale de la habitación, Harry coloca mi cabello detrás de las orejas y me da un beso en la frente.

-No sabes lo preocupado que he estado estas dos semanas-

Alan se acerca y toma mi otra mano, niega con la cabeza al tiempo que empieza a reírse.

-Es increíble que siempre logres llamar la atención de esa manera, cariño tienes que comenzar a fijar por donde andas, sabemos que eres torpe a morir pero tienes que cuidarte-

Yo solo puedo reírme y cerrar los ojos, se muy bien que es su manera de decirme que estaba preocupado y le alegra que esté bien. Una enfermera entra y me suministra algo que me deja noqueada 5 minutos después.

Vuelvo a despertar y noto que Harry tiene recargada su cabeza en la camilla, está dormido y suelta leves ronquidos que me producen mucha risa, acaricié su cabello y eso le hace soltar unos sonidos de satisfacción. Se despierta lentamente y le sonrió bobamente.

-Estabas roncando- le digo despacito y casi no reconozco mi voz

-Eso es imposible, yo soy perfecto-Dice, mientras se restriega un ojo, me da tanta ternura verlo así que se me encoge un poco el corazón.

Después de dos días encerrada en el hospital y de un desfile interminable de doctores y enfermeras, me dan de alta con muchas recomendaciones que siendo sincera no recuerdo. Harry ha estado todo el tiempo conmigo y cuando se va a tomar un baño Alan cambia de lugar con él. Analizando todos los cuidados que necesito y el tiempo de reposo decido que sería mejor ir a la cabaña de mis padres a las afueras de la ciudad, Harry dice que irá conmigo y que tiene muchas vacaciones que le deben. Así que arreglamos todo y estamos de camino a la cabaña a tan solo hora y media de la ciudad.

Al llegar todo es tan callado. La cabaña es muy pequeña pero me transmite una tranquilidad que muchas veces solo encuentro en la danza. Acomodo mi ropa en el pequeño ropero y Harry también, traemos a mi pequeña bola de pelos con nosotros porque la he tenido muy abandonada.

Estamos sentados en el sillón mientras bebo una taza de té caliente con leche, al puro estilo inglés, supongo que una manía que adquirí cuando escapé de la ciudad.

Harry me besa cariñosamente las piernas donde solo llevo un legging, su roce me permite sentir sus caricias, lo extraño, extraño sentirlo dentro y perderme en las sensaciones que me producen sus palabras, sus besos y su cercanía. Me quedo viendo un momento la chimenea y pienso que pude haber muerto por segunda vez.

Harry interrumpe mis pensamientos y me pregunta en qué estoy pensando.

-Hay cosas que aún no sabes de mí al cien y que quiero contarte- Tomo un suspiro y decido contarle lo que aún no conoce de mí- estuve cerca de la muerte por segunda vez, pero esta vez escuche tu voz en sueños pidiéndome que me quedará, que luchará, y quise hacerlo, no sólo por ti, sino porque empecé a valorar la vida, a sentirme a gusto conmigo-

Tomo un suspiro, es momento de ser completamente sincera- Hace aproximadamente dos años estaba en una relación tóxica, me consumía y yo no lo notaba, hubo un momento en que todo cambió. Estaba embarazada y él no estaba listo para ser padre, me lo dijo y entre los sentimientos y el miedo decidí que lo mejor era interrumpirlo, es un tema que me cuesta mucho hablar, aún tengo sueños en los que veo a una pequeña niña de rizos color caramelo y mis ojos abrazándome, el procedimiento no resultó como se esperaba y estaba desangrándome, aún vivía con mis padres y al verme desmayada en el baño me llevaron a urgencias, mi papá conducía a tanta prisa que no noto que un coche se pasó el alto y nos chocó,

No tengo idea cómo sobreviví pero mis padres murieron al llegar al hospital, me culpe mucho tiempo en que por mi culpa había perdido a mis padres, a mi bebé y al poco Leo también se alejó, no podía con mi silencio y depresión. Caí en un túnel y cuando quise darme cuenta estaba en esta cabaña alejada de todos, sanando poco a poco, fui a terapia, huí a otro país y hasta hace 10 meses regresé a la ciudad. Con el dinero que me dejaron mis padres y la indemnización del accidente pude abrir mi estudio y comprar el departamento en donde ahora vivo. Fue mi nuevo comienzo- Terminó de hablar y él me atrae hasta colocarme con mucho cuidado, por mis costillas, a horcajadas de él.

-¿Sabes otra de las razones por las que odio mi nombre?- preguntó mientras dibujo círculos en su pecho y tratando de no verlo a los ojos, él niega con la cabeza-En algunas culturas mi nombre significa sufrimiento, creí que desde que nací estaba destinada a sufrir todo el tiempo, que mi vida no se basaría más que en ese sentimiento-

-Creo que no tienes idea de lo fuerte que eres, una vez mi madre me dijo que existen personas como robles, tan fuertes que ni la tormenta más fuerte puede derrumbarlas, se aferran a la vida. Yo no lo entendía, hasta que te conozco y me doy cuenta que luchas cada día por ser feliz y dejar el pasado atrás, y no creo que tu nombre tenga que tener ese significado. Para mí, tu nombre es único y especial, así como tu-

Me besa en la comisura de los labios, cada párpado, las mejillas y justo cuando va a besarme en los labios, acaricia cada lado de mi cara.

-Ya no puedo callarlo y estoy completamente seguro. Te amo-

Y al decirlo se que es cierto y que también lo amo, ha cambiado mi vida por completo sin dejar de ser yo. Me anima y me acepta tal cual soy.

Capítulo 15

Después de besarme lentamente me sostiene con tanta ternura, como si temiera que fuera a romperme.

-Quiero hacerte el amor, demostrarte con actos lo que no puedo expresar en palabras, las palabras no son suficientes para mi-

Me levanto de su regazo y me coloco frente a él de pie. Sin dejar de verlo a los ojos me quitó lentamente el suéter, no llevo nada debajo y al instante por su mirada mis pezones se ponen duros, deslizo mi pantalón por mis piernas y lo pateó hacía un lado. Cuando mis manos van hacía mis bragas el se levanta y se arrodilla para ayudar, aún no puedo cargar mi peso por completo en mi pierna, así que sujetándome a él las desliza lentamente por mis piernas, tan lento que siento que me volveré loca, al quitarlas por completo besa en dirección ascendente mis piernas, dejando húmedos y tiernos besos. Deja un beso en mi vientre y ese simple acto hace que una lágrima se derrame por mis mejillas. Cuando está a mi altura de nuevo y sin dejar de recargar mi peso en él lo ayudó a quitarse la ropa que trae; primero con su playera y luego con su pantalón, y al quitar todo lo beso en el pecho, a la altura de su corazón que late muy fuerte.

Me ayuda a recostarme en la alfombra frente a la chimenea y se coloca encima pero sin recargar su peso en mí, me besa lentamente, una de sus manos se cuela entre mis piernas y me acaricia lentamente, abriendo y sintiendo todo lo que puede. Jadea silenciosamente y eso hace que me impaciente, con una de mis manos lo tomó y trato de guiarlo hacía mi entrada, no necesito más juegos previos, lo necesito cerca y que me haga olvidar todo, pero ahora no porque sea mi escapatoria, sino porque cuando es él lo demás pasa a segundo plano para solo sentirlo dentro de mi. Harry niega con la cabeza y acariciando lentamente mi mejilla me sonríe.

-Quiero sentirte, a cada centímetro, quiero que dure para toda la vida si fuera posible- y justo después de sus palabras entra lentamente en mi, jadeo y trato de arquearme para acercarme más pero tanto mi pierna como el leve dolor en mis costillas no me lo permite. Harry vuelve a salir y se coloca sentado con su espalda recargada en el sillón, me atrae hacía el y sentándome en sus piernas vuelve a introducirse lentamente en mi, me agarro con fuerza a sus hombros, porque me doy cuenta que ahora no solo es sexo, me esta haciendo el amor como el lo dijo, puedo sentirlo dentro de mi y tengo tantos sentimientos que siento que me desbordare en tan solo segundos.

El sigue empujando lento dentro de mí, en cada estocada me rompo y vuelvo a reconstruirme, sus manos están en mi espalda, en mi cadera y mi cara, sus besos se turnan entre mis labios y mis pechos, justo cuando creo que no podré más cuela su mano y me acaricia entre los dos, en ese punto que me hace enloquecer, cierro los ojos, lo aprieto dentro de mí y diciendo su nombre me dejó ir en un orgasmo que me hace querer llorar.

-Te amo- le digo, sin poder evitar mis palabras, él me besa y me repite que soy lo único que necesita. A los pocos minutos termina dentro de mí. Cerrando los ojos con esa expresión que me vuelve loca.

Me abraza y no deja de esparcir caricias en mi espalda, me besa el cabello y con una manta nos recostamos en la alfombra, yo sobre su pecho, trazando caricias irregulares. Estando así los dos, vulnerables, desnudos y enamorados entiendo que todo lo que pasó me llevó justo a este momento.

No puedo cambiar mi pasado y eso es algo que él entiende y que no quiere hacer, lo amo, soy una persona que pensó no habría salida de todo el dolor que experimentaba pero aquí estoy, sintiendo más que nunca, sin darme cuenta le había abierto mi corazón, él había derribado cada barrera que yo ponía, me ayudó a conocerme, a ver qué era lo que realmente me gustaba. Al fin entiendo partes de mí, lo que en realidad soy y quiero ser.

Epílogo

3 años después

Estoy sentada en el jardín de la casa mientras Harry juega con Alelí, es nuestra pequeña, la adoptamos hace 1 año y fue la mejor decisión de nuestra vida, después de mudarnos juntos y querer comenzar una familia nos dimos cuenta que como no podía tener hijos no era un impedimento para hacer feliz a alguien que lo necesitará, en cuánto vimos a Alelí supimos que era ella, nos observó temerosa y sin poder evitarlo se escondió detrás de sus manitas. Ese solo gesto me había robado el corazón, ahora somos una pequeña familia feliz que vive día a día.

-Cariño, ¿Cuándo será el día que me alegrarán la vida y se casarán para que yo pueda disfrutar de la fiesta como se debe?- Me dice mi suegra sentándose a mi lado, todos nuestros amigos y su familia han venido al cumpleaños de nuestra hija y aunque amo a mi suegra siempre quiere que nos casemos a pesar de que le hemos dicho que no es algo en lo que creamos.

-Tal vez algún día- Contestó riendo disimuladamente.

Se acerca Alan y toma el otro lugar a mi lado, está bebiendo una cerveza y me entrega otra para poder brindar.

-¿Cómo van las terapias corazón?-

Flashback

Siento un dolor que me recorre la pierna entera, trato de apoyarme de las barras a mi lado pero el fisioterapeuta me dice que puedo dar un paso yo sola, sin ningún tipo de ayuda.

-Pero tú estás loco, duele como el infierno- le digo porque empieza a desesperarme no poder regresar a mis clases.

-Claro que no estoy loco, sólo digo que puedes esforzarte un poco más.

Fueron 3 meses de terapia que dolieron como si mi pierna estuviera reconstruyéndose entera. Y me tomó otros 3 meses regresar a entrenar, aún tengo dolores en la pierna cuando me excedo entrenando, pero con el tiempo y las terapias se han reducido. No puedo quejarme realmente, a excepción de la horrible cicatriz que me cruza el muslo pero que a Harry le encanta besar y decirme que fue en el momento que se dio cuenta que me amaba.

-Sigo teniendo que ir una vez a la semana para soportar los entrenamientos, pero cada vez está mejor- Le contestó a Alan y él sonríe asintiendo.

Harry se acerca con Alelí en sus brazos y parece que tienen una conversación muy importante por la forma en que ambos arrugan el entrecejo, hay veces que hasta me cuesta creer que no tienen la misma sangre porque esos dos están cortados por la misma tijera, y yo, yo caigo ante los dos porque son mi vida y los amo más que a nada.

Alelí le pide a su papá que la baje y corre lo que queda hasta mí para sentarse en mi regazo y darme besos por toda la cara, es algo que le encanta y para qué mentir a mi me derrite cada que lo hace.

-Tu hija es una manipuladora, trata de convencerte de estar de su lado porque le he dicho que no puede tener novio hasta que cumpla los 40 años y eso si estoy de buen humor- Me río porque nunca creí que Harry sería de esa manera, le susurro a Alelí que ya me encargare yo de convencerlo y se va contenta a jugar con los demás niños de la fiesta.

Harry me ayuda a levantarme y se sienta en mi silla para después sentarme sobre sus piernas y abrazarme, comienza a hablar de solo dios sabe que partido con Alan y yo me distraigo pensando en lo que hemos construido con los años, hemos tenido altibajos, cuando estaba frustrada por la terapia hubo veces que estallaba y me daba por vencida, pero siempre estuvo conmigo, apoyándome y alentando a que volviera a bailar.

Ahora trabajo para una revista famosa en la que publico mis fotos 2 o 3 veces por semana y tenemos la posibilidad de viajar juntos y conocer el mundo, como siempre quise, y lo hago con las dos personas más importantes de mi vida.

Volteo a ver a Harry y sonrió tontamente, estoy tan enamorada que si me viera por fuera me daría un coma diabético de lo cursis que nos hemos vuelto con el tiempo. Harry nota mi mirada y me mira preguntando qué pasará por mi cabeza, niego y lo abrazo para tenerlo más cerca, el se acerca y susurrándome al oído me dice que me ama y que no puede esperar a que todos se vayan para estar solos. Ahora soy feliz, feliz hasta donde siempre quise serlo.

https://kdp.amazon.com/es_ES/bookshelf?ref_=kdp_kdp_BS_D_TN_bs

-https://www.eae-publishing.com/cover_playgrounds/?editor_username=areich_eae

-https://kdp.amazon.com/es_ES?ref_=kdpgp_p_mx_psg_kw_ad54&gclid=CjwKCAjwtfqKBhBoEiwAZuesiCoG7eOaCHa_oE1YgQzTySfixxEBxk10yj-lDwbf2nsYY3ujsMhSbhoCj3lQAvD_BwE

-https://www.kobo.com/mx/es/p/writinglife

https://leer.amazon.com.mx/litb/B09J1QRB9T?f=1&l=es_MX&r=bf7dfdb1&rid=KCNEWEBKXQS02G3Y9W7J&sid=144-9187163-0081240&cid=ALSJ9THHBWLFT&ref_=litb_m

Printed by Books on Demand GmbH, Norderstedt / Germany